Carsten Bothe

Draußen leben wie die Trapper

VENATUS
VERLAGS-GMBH

Die im Buch genannten Methoden und Anleitungen sind von Autor und Verlag sorgfältig erarbeitet und geprüft worden. Da sie ohne Einfluß und Kontrolle des Autors oder Verlages angewendet werden, müssen wir – Autor, Verlag und dessen Beauftragte – leider jegliche Haftung und Gewährleistung für Personen-, Sach- und Vermögensschäden ausschließen. Die Anwendung geschieht auf eigene Gefahr!

Wir produzieren grundsätzlich in Deutschland. Das Geld, das uns zufriedene Kunden bezahlen, soll wieder in die deutsche Wirtschaft investiert werden, um die Kaufkraft unserer Kunden zu erhalten.

Wir sind Mitglied im VDB Verband der Büchsenmacher und Waffenfachhändler und im Forum Waffenrecht. Helfen Sie mit, das Freiheitsrecht der Jagdausübung und des legalen privaten Waffenbesitzes zu verteidigen, denn Jäger und Sportschützen sind nicht kriminell!

Köterei 15
38108 Braunschweig
Telefon: 0531-37 75 12
Telefax: 0531-37 75 38
venatus@t-online.de

Die Deutsche Bibliothek - CIP-Einheitsaufnahme
Bothe, Carsten:
Draußen leben wie die Trapper / Carsten Bothe. - Braunschweig :
Venatus-Verl.-GmbH, 1999
ISBN 3-932848-15-2

Umschlagfoto: Carsten Bothe
Bildnachweis: alle Bilder stammen vom Autor,
Zeichnungen von Birte Keil, Hamburg
Lektorat: Carsten Bothe
Druck: Maul-Druck, Braunschweig

Meinem Vater und meinem Onkel,
ohne deren Hilfe dieses Buch
nicht mehr entstanden wäre.

Vorwort

Die meisten Survival-Bücher setzen voraus, daß man als einziger einen Flugzeugabsturz über dem kolumbianischen Dschungel, der Antarktis oder der Wüste Gobi überlebt mit nicht mehr als einem Kugelschreiber, einer leere Coladose und seiner Uhrkette. Aber wie man es sich im heimischen Wald bequem macht, wenn man Zeit und Muße, seine komplette Ausrüstung und genug Proviant hat, das steht nirgends.

Immer wieder bekomme ich das eine oder andere „Survival-Buch" in die Hand, und jedes Mal tauchen wieder dieselben abgekupferten Fallen auf. In den meisten Fallen wird niemals jemand etwas fangen. Ich stelle seit bald 15 Jahren Wild bevorzugt mit Fallen nach, und daher weiß ich, wie schwer es ist, in einem gut besetzten Revier einigermaßen Strecke zu machen. Von eine ausreichenden Versorgung mit Fleisch kann dabei keine Rede sein. Und wenn ich beispielsweise beim Bisamfang eine größere Strecke erziele, dann nur, weil ich jede Menge richtiger Fallen einsetze und mit meinem Auto so viele Kilometer verfahre, wie sie zu Fuß niemals an einem Tag zu bewältigen wären. Mit anderen Worten, beim Leben in der Natur muß man mit andern Mitteln darangehen, es sich so bequem und sicher wie möglich zu machen.

Survival-Bücher gibt es wie Sand am Meer, aber eine Anleitung, wie man bequem im Wald lebt – als Angler, Jäger, Pfadfinder, Camper etc. –, wenn man weder verlorengegangen ist noch in einer Survivalsituation, da wird es dünn im Buchhandel.

Aus diesem Grunde habe ich auch darauf verzichtet, die Seiten mit Anleitungen für das Destillieren von Wasser aus Kakteen zu füllen. Wer dieses Buch gelesen, die Ratschläge verstanden hat und umsetzen kann, der wird sein Leben in der Natur in deutschen Landen, den gemäßigten Landstrichen Schwedens und Finnlands und den meisten amerikanischen Bundesstaaten angenehm und sicher gestalten können.

Bei der Ausbildung der Jungjäger sehe ich immer wieder, daß die domestizierten und verweichlichten Stadtbewohner selbst die einfachsten Dinge im Wald nicht mehr beherrschen. Wer kann denn einfach so zwei Stöcke zusammenbinden, daß sie halten, ohne dabei eine Heißklebepistole, Spax-Schrauben und einen Akkuschrauber zu Hilfe zu nehmen? Wer kann denn noch ein Taschenmesser aufklappen, ohne sich dabei in die Finger zu schneiden?

Die dazu notwendige Fingerfertigkeit kann ich Ihnen leider nicht mit einem Buch vermitteln. Aber wer schon von Hause aus einigermaßen geschickt ist, der wird genug Hinweise, Tips und Tricks finden und sich vielleicht bei Gelegenheit daran erinnern.

Carsten Bothe

Braunschweig, im Dezember 1998

Inhalt

Geisteshaltung

Immer wieder höre ich von meinen Lesern, denen ich erzähle, was ich so in Amerika, Kanada oder Neuseeland auf der Jagd getrieben habe, Sätze wie: „Was, bei dem schlechten Wetter?!“ oder: „Nein, im Winter bei Schnee und dann draußen schlafen!?“

Es ist immer wieder das gleiche: wenn ich mein müdes Haupt im Wald zur Ruhe bette, dann besteht kein Unterschied zum heimischen Bettgestell. Nicht, weil ich eine Superausrüstung dazu verwende, sondern weil ich mit dem Wenigen zufrieden bin und aus dem Vorhandenen das optimale herausholen kann. Und weil ich mir von den äußeren Umständen nicht den Spaß verderben lasse.

Bei Hunden würde man das, was wir für das Leben draußen benötigen, als Wesensstärke bezeichnen. Ich nenne es die richtige Geisteshaltung. Wie fühlen Sie sich, wenn die Sonne sich tagelang hinter dicken schwarzen Wolken verkriecht und Wasserknappheit nun wirklich nicht Ihr Problem ist, die Klamotten naß sind und um das Lager herum alles im knöcheltiefen Matsch zu versinken droht? Zehren Kälte, nasse Kleidung, klamme Stiefel an Ihren Nerven, sind Sie gereizt und sehnen sich nach einem heißen Bad? Oder finden Sie einen halbwegs trockenen Platz, entfachen schnell ein Feuer und brauen sich ein heißes Getränk, um guten Mutes klamme Finger und Zehen wieder zu beleben?

Unter Geisteshaltung verstehe ich auch, immer einen Schritt weiter voraus zu denken, als man eigentlich von der körperlichen Verfassung her könnte. Die Natur verzeiht keine Fehler, selbst die Lüneburger Heide nicht. Und wenn es einem in deutschen Landen auch nicht gleich das Leben kostet, so leidet die Lebensqualität doch unter einer langwierigen Erkältung, die man sich „irgendwo im Busch“ geholt hat.

In der Natur muß man mit wachem Verstand an die notwendigen Dinge herangehen, und zwar dann, wenn sie erledigt werden müssen. So ist beispielsweise eines der kostbarsten Dinge das Tageslicht. Zwingen Sie sich – auch wenn Sie noch so ermattet sind – im Hellen genug Feuerholz zu sammeln. Nichts ist ärgerlicher, als nach zwei Stunden am Lagerfeuer festzustellen, daß der Vorrat an Holz verbraucht ist. In dem inzwischen stockdunklen Wald wird das Holzsuchen zur Qual und überdies gefährlich. Nicht wegen der bösen wilden Tiere, sondern weil man alle Nase lang stolpert oder in Äste läuft, die man nicht gesehen hat. Außerdem dauert das Sammeln deutlich länger als bei Tageslicht. Glauben Sie nicht, Ihr Abendbrot zu versäumen, das können Sie auch im Dunkeln essen.

Mit anderen Worten: Denken Sie bei allem, was Sie tun, darüber nach, welche Konsequenzen auf Sie zukommen können.

Leben im Wald

Körperpflege

Gerade unter den eingeschränkten Bedingungen im Busch ist es wichtig, sich ausgiebig zu waschen und seinem Körper ein ausreichendes Maß an Hygiene zukommen zu lassen. Wenn nach einigen Tagen der Wunsch nach einer heißen Dusche abgeflaut ist, weil man sich mit sich selbst und dem Dreck arrangiert hat, zeigen sich die ersten Folgen: kleinere Verletzungen heilen einfach nicht mehr richtig ab, entzünden sich und werden schlimmer. Die Füße, die seit Tagen in den muffigen Stiefeln stecken, sind aufgequollen und voller Blasen und Scheuerstellen. Schnell versagen sie den Dienst und brauchen Tage, um wieder einsatzbereit zu sein. In der „Kimme“ sammeln sich die „Puperzel“ (Flocken von abgescheuerter Kleidung), man läuft sich „einen Wolf“, und jeder Schritt wird zur Qual. Mit den dreckigen Fingern befördert man eine Menge Keime in den Mund, die vom Darm mit Durchfall quittiert werden. Und was sich unter der männlichen Vorhaut so ansammeln kann – darüber schweigt des Dichters Höflichkeit!

Was heißt das nun für den Waldläufer? Ganz einfach: er muß sich waschen! Das ist mitunter einfacher gesagt als getan. Bei der Bundeswehr ist es immer noch üblich, daß sich jeder im Morgengrauen in der feuchten Kälte bei einer Waschgelegenheit einfindet, den Oberkörper frei macht und möglichst schnell versucht, ohne Frostbeulen diesen Härtetest der Selbstkasteiung hinter sich zu bringen. Aber es gibt keinen Grund, sich unter widrigen Umständen nicht zu waschen („Medizin muß bitter schmecken, sonst nützt sie nichts!“). Man wird im Dunkeln mit kaltem Wasser auch nicht sauberer, als im Hellen mit warmem Wasser. Der einzige Vorteil mag sein, daß durch die Kälte die Durchblutung der äußeren Hautschichten angeregt wird. Leider läßt man das Waschen ausfallen, wenn man allein unterwegs ist. („Es merkt ja doch keiner!“)

Also machen wir es richtig: wenn die Sonne hoch am Himmel steht, die Luft trocken und warm ist, setzen wir einen Topf mit Wasser aufs Feuer.

Eine Naßrasur mit warmem Wasser ist nicht nur angenehm, sie schont auch die Haut, und man schneidet sich nicht so leicht. Dann füllt man eine Schüssel mit kaltem Wasser und beginnt mit dem Zähneputzen. Einmal am Tag sollte man sich völlig nackt ausziehen, um seinen Körper gründlich zu inspizieren. Jetzt besteht die Gelegenheit dazu. Dann wäscht man sich ausgiebig die Hände und entfernt auch die „Trauerränder" unter den Fingernägeln. Dann seift man sich von oben bis unten mit Wasser und Seife gründlich ab. Der Hintern und das beste Stück des Mannes werden ebenso sorgfältig gewaschen wie die Füße. Dann trocknet man sich ab.

Die Füße bekommen noch eine Sonderbehandlung mit Franzbranntwein oder Hirschtalg, die Wäsche wird evtl. gewechselt, und man zieht sich wieder an. Das Handtuch wird zum Trocknen aufgehängt und ist in der Sonne schnell wieder trocken – anders als bei der Waschtortur im Morgengrauen. Die Füße sollte man nicht sofort wieder in dicke Stiefel stecken, besser ist es, erst einmal mit Sandalen zu laufen, bis die Füße richtig trocken sind. Die Strümpfe wechselt man täglich, wobei sie nicht unbedingt gewaschen werden müssen. Es reicht, wenn man oft ein trockenes Paar anzieht.

Der Tagesablauf

Der Tagesablauf im Wald wird bestimmt vom Tageslicht. Wenn es dunkel ist herrscht Ruhe. Es ist einfach zu aufreibend, im dunklen Wald mit der Taschenlampe herumzufunzeln und Tätigkeiten zu erledigen, die im Hellen in einem Bruchteil der Zeit getan werden können. Im Wald ist man den wechselnden Umweltbedingungen ganz anders ausgesetzt als in der zentralbeheizten Wohnung.

Jede Tageszeit hat ihre Vor- und Nachteile, und man muß sich anpassen. Was zur rechten Zeit gut von der Hand geht, das will zur Unzeit einfach nicht gelingen. Daher sollte man seinen Tag nach den Gegebenheiten in der Natur richten.

Auf die Natur zu hören heißt aber auch, auf den eigenen Körper zu achten. Wenn Sie morgens um sieben Uhr im kalten, klammen Wald einfach kein Frühstück mögen, dann lassen Sie es eben. Schnappen Sie Ihren Rucksack, brechen Sie das Camp ab und wandern Sie weiter. Wenn Sie um elf Hunger haben, wird eine Pause eingelegt. Die große Mahlzeit gibt es in der Regel abends, weil dann Zeit zum Kochen ist und das Feuer wegen der Gemütlichkeit sowieso brennt.

Am Morgen

Den Morgen im Wald empfinde ich immer wieder gleich: es ist kalt, feucht und ungemütlich, man möchte am liebsten weiter im Schlafsack liegenbleiben. Aber wenn man um sieben Uhr im Sommer aufwacht, singen sich die Vögel schon die Seele aus dem Leib, und bis es angenehm warm ist – vergleichbar der Schlafsack-Innentemperatur – ist es Mittag, und der Tag ist vertrödelt. Man muß also den inneren Schweinehund überwinden und zusehen, daß man in Gang kommt. Das heißt: raus aus den Federn und möglichst schnell auf Betriebstemperatur kommen. Dazu springt man notdürftig in die Kleider und schürt das Feuer, damit man etwas Warmes zu sich nehmen kann.

Mit der Bewegung in der frischen Luft vertreibt man die Bettwärme und ersetzt sie durch Eigenwärme, und so erwachen auch die Lebensgeister neu. Dann wird das Frühstück eingenommen und die Zelte werden abgebrochen, das Tagwerk beginnt.

Im Sommer ist es oft der Fall, daß die Nacht zu kurz war, dann holt man den Schlaf in der Mittagshitze nach. Im Winter sind die Nächte länger, man bekommt genügend Schlaf, aber das Tageslicht ist zu kostbar, als daß man es verschlafen sollte.

Am Mittag

Die Mahlzeit am Mittag fällt meist aus, denn in dieser Zeit wandert man oder arbeitet. Nach einem ausgiebigen Frühstück sollte man auch keinen großen Hunger verspüren. Höchstens einige Kleinigkeiten nimmt man zu sich. Das Kochen nähme zu viel Zeit in Anspruch.

Wenn man lagert und das Essen vorkochen möchte, dann kann man jetzt den Dutch-Oven vorbereiten und das Abendbrot langsam vor sich hin köcheln lassen.

Am Abend

Der Abend ist die hektischste Zeit für den erfahrenen Waldläufer. Jetzt beginnt der Wettlauf mit dem schwindenden Tageslicht. Alles, was man jetzt bei Licht nicht erledigt, dauert nachher im Dunkeln mehrfach so lange. Also sollte man rechtzeitig sein Bett und Zelt herrichten, obwohl man sich erst in einigen Stunden zur Ruhe begeben will. Man sammelt genügend Feuerholz, und legt auch noch kleines Holz als Vorrat zur Seite und deckt es ab. So kann man am nächsten Morgen, wenn im Wald alles noch vom Tau feucht und klamm ist, das Feuer schnell wieder anfachen.

Die einbrechende Dunkelheit beschränkt den Aktionsradius im allgemeinen auf den Bereich, der vom Lagerfeuer ausgeleuchtet wird, und der ist nicht groß. Am Abend sollte ohnedies Ruhe im Wald einkehren. Jetzt ist es Zeit, sich zu entspannen und vielleicht ausgiebiger zu kochen, zumindest zu essen. Das kann im Schein des Feuers sehr romantisch sein.

In der Nacht

Besonders Neulinge im Wald werden des Nachts von den vielen Geräuschen in der Stille verunsichert. Man hört viel intensiver und täuscht sich über Entfernungen, alles kommt einem viel lauter vor. Der Wald bekommt Augen, alles scheint sich zu bewegen und wirkt bedrohlich. Das macht ja gerade den Reiz von Nachtwanderungen aus: das Abenteuer mit der eigenen Angst und diese zu überwinden.

Die Nacht im Wald hat ihre eigenen Regeln und Gesetze. Nicht nur daß es hier dunkel ist – viel dunkler als in der offenen Landschaft –, es ist auch kalt und feucht. Während des ungemütlichsten Teiles der Nacht etwa von drei Uhr bis sechs Uhr, ist die Luftfeuchtigkeit am höchsten, die Temperatur am niedrigsten, und der Mensch hat den tiefsten Punkt seiner Aktivitätsphase erreicht bzw. durchschreitet ihn gerade.

Um diesen Teil der Nacht am besten zu überstehen, sollte man schlafen. Das hört sich leicht an, aber wenn man vor Kälte aufwacht und das Feuer erloschen ist, traut man sich nicht aus dem Schlafsack heraus, weil es draußen so kalt und ungemütlich ist. Vielleicht ruft auch noch ein Käuzchen, im Gebüsch knackt es und der Baumstumpf fängt an sich zu bewegen. Da muß man mit dem Wald schon sehr vertraut sein, um den Zauber der Einsamkeit zu genießen.

Ich mag in dieser Zeit am liebsten im Schlafsack liegen und durch die Bäume nach oben in die Sternenhimmel schauen. Auf keinen Fall mag ich aufstehen oder gar irgendwelchen Aktivitäten nachgehen.

Wie man sich richtig im Wald entleert

Ein immer wieder verschwiegenes Thema ist die Verrichtung der Notdurft im Wald, dabei muß sich jeder damit mindestens einmal am Tag auseinandersetzen. Für viele ist es auch das Argument, dem Wald gänzlich fern zu bleiben – „Weil es dort kein vernünftiges Klo gibt!“. Dabei ist die Sache so einfach. An dieser Stelle möchte ich eine kleine Anekdote einflechten.

Es war zu der Zeit, da mich der Ruf des Vaterlandes zu einer Wehrübung erreichte. Nicht zu irgendeiner, sondern zu einer für „Führungs- und Funktionspersonal“. Nach den üblichen bürokratischen Formalitäten wurde die Planung einer Bataillionsübung vorgestellt (dabei werden rund 800 Mann aus dem Berufsleben gerissen und dafür mit Steuergeldern fürstlich entlohnt!). Für die Übung war fast nichts vorbereitet. In einer Pause brachte uns einer der zuständigen Unteroffiziere eine Karte im Maßstab 1:250.000 mit der Bitte, wir sollten für unseren Zug (rund 25 Mann) die Stellen eintragen, an denen vier Monate später die Dixie-Toiletten stehen sollten. Nach dem neuen Umweltschutzgesetz wäre menschlicher Kot in der Natur „unerlaubte Abfallbeseitigung“. Daher müßte er jetzt sofort wissen, wo die beiden Chemieklos hingestellt werden sollen. Meine Anmerkung, daß ich jetzt noch nicht wisse, wie sich die Übung entwickelt und wo ich – je nach Lage der Vegetation (Maisfeld geerntet oder nicht) meine Soldaten einzusetzen gedenke, interessierte ihn nicht. „Hier und da hin. Aber wehe, die stehen nicht dort!" Das sind Aussagen, mit denen ein Krieg gewonnen wird. Der Unteroffizier war zufrieden, bei der Übung standen die Klos zwar 100 Meter feindwärts vor den eigenen Kampfständen, aber dem Umweltschutz war Genüge getan.

Doch nun zurück zur Realität. Seit vier Millionen Jahren entleert sich der Mensch auch im Wald. Plötzlich ist es so schwierig? Dabei muß das nicht sein! Der „Spatengang" ist sicherlich nur deswegen so verhaßt, weil man im Wald dabei nicht bequem sitzen und lesen kann. Um diese delikate Angelegenheit „locker" zu umschreiben, so daß sie der geneigte Leser auch nachvollziehen kann, sehe er mir die bildliche und wenig poetische Sprache nach.

Irgendwann – und bei der reichlichen Verpflegung im Busch öfter als zu Hause – überkommt einen ein menschliches Bedürfnis. Zuerst ist es wichtig, den richtigen Zeitpunkt abzupassen. Hören Sie auf Ihre Eingeweide. Das Ganze soll schnell und in einem Rutsch vonstatten gehen. Warten Sie zu lange, ist der Stuhl schon hart und zäh, und die Zeit in der Hocke wird unerträglich lang. Verpassen Sie den rechten Zeitpunkt dann warten Sie lieber noch einige Stunden, dann geht's wieder. Wenn alles in einem Rutsch mit der richtigen Konsistenz abläuft, bleibt Ihr Hintern relativ sauber. Wenn Sie ewig lange rumdrücken, und dabei den Hintern immer wieder zusammenkneifen, haben Sie hinterher viel zu putzen. Und wenn nicht alles richtig sauber wird, dann gleicht Ihre Kehrseite bald der eines Pavians.

Wie geht man ans Werk? Ganz einfach. Mit dem Spaten gräbt man ein kleines Loch in die Erde, und schon kann es losgehen. Ein Wort zu dem Loch: Sie wollen keine Leiche vergraben, also reicht es, wenn Sie über das Geschäft eine Handbreit Erde schaufeln können. In den obersten Erdschichten ist der biologische Abbau am größten, und dort wird Ihre Hinterlassenschaft am schnellsten beseitigt. Auf Truppenübungsplätzen ist es ein ungeschriebenes Gesetz, den Haufen einzukuhlen, damit nicht der nächste Kamerad beim Robben in eine „Tellermine" gleitet.

Vor dem Hinhocken machen Sie sich reichlich frei, auch im Winter, damit nichts von der Kleidung über dem Loch zu liegen kommt. Sie wären nicht der erste, der etwas unangenehm Warmes im Nacken spürt, wenn Sie Ihren Overall wieder anziehen. Es ist auch praktisch, ein Bein aus einer engen Hose zu befreien, gerade dann, wenn Sie eine oder zwei lange Unterhosen tragen. Doch jetzt geht's zur Sache! Jegliche Textilien sind zur

Seite geräumt, sie hocken sich mit einem verschämten Blick zielend über das Loch, und plötzlich macht sich ein wohliges Lächeln der Erleichterung auf Ihrem Gesicht breit. Am anderen Ende des Rückens tritt ebenfalls Entspannung ein, und Sie suchen das Papier. Falls Sie welches haben, wissen Sie sicherlich von zu Hause, was damit anzustellen ist. Hinterher wandert es auch in das Loch. Haben Sie kein Papier, nehmen Sie große Blätter, Gras, Sand, oder Sie lassen es bleiben. Dann sollten Sie sich aber baldigst waschen, wegen der zu erwartenden Ähnlichkeit mit unseren oben beschriebenen Verwandten, den Affen.

Nach dieser Prozedur kleiden Sie sich wieder an – ohne einen Fehltritt in die Kuhle – und schaufeln zu, was Sie produziert haben, einschließlich dem Papier.

Wir Männer haben es einfach, wenn es um das „kleine Geschäft" geht. Mann stellt sich an einen Baum, nimmt den besten Freund in die Hand und zeigt ihm die große weite Welt. In Gesellschaft ist das besonders normal, man unterhält sich, und es ist die natürlichste Sache der Welt. Frauen haben es da etwas schwieriger. Die in Amerika verbreiteten Trichter, die es auch Frauen erlauben, sich im Stehen zu erleichtern, haben hier in Deutschland noch keine rechte Verbreitung gefunden.

Weiterhin im Verlag erschienen

VENATUS
VERLAGS-GMBH

VENATUS Verlags-GmbH · Köterei 15 · 38108 Braunschweig
Tel.: 05 31 / 37 75 12 · Fax: 37 75 38 · EMail: Venatus@t-online.de

176 Seiten, 121 s/w-Abbildungen, broschiert, Format DIN A 5.
ISBN 3-932848-12-8, Preis: 24,80 DM

Carsten Bothe

Das Messerbuch – 2. Auflage!

Messer faszinieren die Menschheit seit Jahrtausenden. Man könnte meinen, je technisierter die Welt wird, desto mehr lassen sich die Menschen für die einfachen Werkzeuge begeistern. Der Boom auf gute Messer – und jetzt auch auf Äxte – hält ungebrochen an. Aber woran erkennt man ein gutes Messer? Und wie schärft man es richtig? Wie benutzt man es? Diese Fragen werden in dem Buch ausführlich, kompetent und allgemeinverständlich beantwortet.

Auch wenn Otto Normalverbraucher von Messern nicht viel Ahnung hat, so erkennt er doch ein stumpfes Messer und ärgert sich entsprechend. Dabei ist es leicht, ein gutes Messer zu kaufen.

Mit dem Wissen aus diesem Buch kauft der Leser beim nächsten Mal ein gutes Messer und benutzt es richtig.

Stimmen zum Messerbuch:

Frankfurter Allgemeine: Die deutschen Buchtitel zum Thema Messer lassen sich an zehn Fingern abzählen, und die wenigsten wollen dem Käufer eines Messers zu einem Qualitätsprodukt verhelfen oder ihn dabei unterstützen, den Wert eines guten Messers durch richtigen Gebrauch und angemessene Pflege zu erhalten. Genau das ist das Ziel des Verfassers. Gelegentlich im Tonfall ein wenig burschikos und apodiktisch, aber auch sachlich und ohne allzu deutliche Bevorzugung einzelner Hersteller handelt er seinen Gegenstand ab: von der Herstellung über die Auswahl des richtigen Messers bis zur Anwendung – vor allem unter dem Gesichtspunkt des Jägers – und der Pflege samt dem mythenumrankten Thema des Schärfens von Klingen. Wenigstens eine Erwähnung hätte der Sonderteil über Beile und Äxte verdient, denn eine Veröffentlichung zu diesem Sujet ist etwas ganz Rares.

Kompetenz
in Sachen Jagd

Alle Titel erhalten Sie in jeder guten Buchhandlung, im Jagdfachgeschäft oder direkt beim Verlag.

Ausrüstung

Was man immer dabei haben sollte

Wenn ich mich so anschaue, dann brauche ich eigentlich nur eine Waffe, und ich könnte zur Jagd gehen. In vielen Büchern wird immer von Survival-Kits gesprochen, die man immer bei sich tragen sollte. Sicherlich sind solche kleinen Päckchen mit dem Notwendigsten nicht verkehrt, aber wenn man mit dem Inhalt nicht umgehen kann, nützen sie recht wenig. Und was soll beispielsweise ein kleines Messer darin, wenn man schon eines am Gürtel trägt?

Damit kommen wir gleich zu dem, was man dabei haben sollte: Ein scharfes Messer mit einer Klinge, die so lang ist wie der ausgestreckte Zeigefinger, ist ein absolutes Muß. Dabei kann es sich ruhig um ein Klappmesser handeln, wenn es verriegelt werden kann.

In einer Hosentasche tragen Sie ein frisch gebügeltes, sauberes Taschentuch. Durch das heiße Bügeleisen werden Keime abgetötet, so daß sich das Tuch auch eignet, um damit Wunden abzudecken. Das setzt natürlich voraus, daß das Taschentuch immer sauber zusammengefaltet ist und nicht als wirres Knäuel in der Hosentasche steckt.

Weiterhin sollten Sie immer Feuer „am Mann" haben, am besten in einer wasserdichten Streichholzdose. Einwegfeuerzeuge haben einen großen Nachteil: in engen Hosentaschen kann es vorkommen, daß unbeabsichtigt der Gashebel heruntergedrückt wird, so daß das Gas ungenutzt ausströmt. Wenn man das Feuerzeug braucht, ist es leer.

Mit dieser Taschenbeladung ist man immer gut gerüstet, alles weitere ist Luxus. Wer ein bißchen findig ist, kann aus natürlichen Materialien alles weitere zusammenbauen.

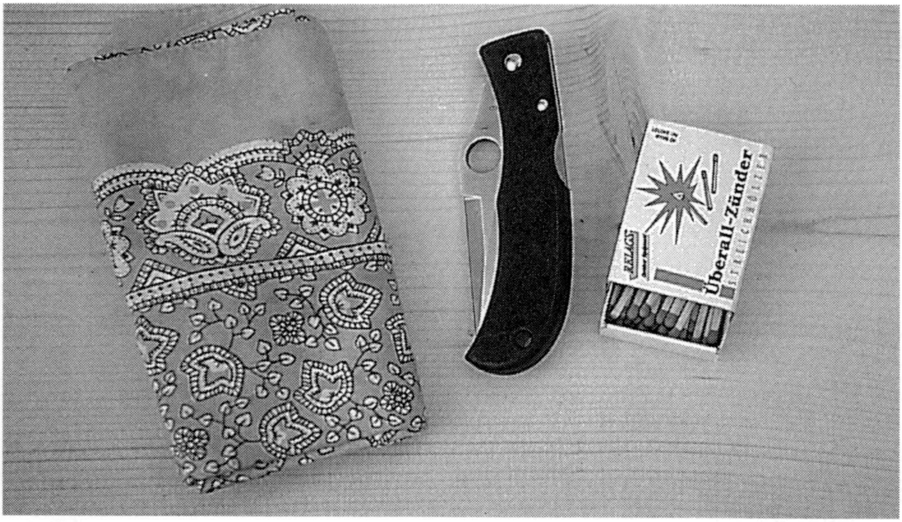

Diese Dinge hatte früher jeder Junge in der Tasche: Streichhölzer, ein Messer und ein Taschentuch.

Wenn man sich erst einmal daran gewöhnt hat, diese Utensilien bei sich zu tragen, glaubt man automatisch, etwas verloren zu haben, wenn einer der Gegenstände nicht in der richtigen Tasche liegt.

Tip!
Halten Sie ihre „Sieben Sachen" immer im Rucksack zusammen und verstreuen Sie die Ausrüstung nicht im Wald. Gerade im Dunkeln oder wenn es schnell gehen muß (Regenschauer etc.) haben Sie mit einem Griff alles beisammen.

Tip!
Beschriften Sie Ihre Ausrüstung immer mit dem vollen Vor- und Nachnamen. Sie beschriften die Ausrüstung nicht für sich, sondern für andere, mit denen Sie beispielsweise auf einer Hütte zufällig zusammenkommen. Und die anderen müssen das lesen können. Ein stilisierter Fisch für den Nachnamen „Hering" oder ein grünes Kreuz hilft selten weiter. Durch eine klare Beschriftung kann Ihr Gepäck besser identifiziert werden, wenn es bei einer Fluggesellschaft auftaucht oder wenn Sie selber verlorengehen und man im Busch vor der Bärenhöhle nur noch Ihren Rucksack findet.

Welche Waffe?

Für viele Zeitgenossen ist das Draußen-sein ein Grund, sich mittels einer Waffe vor den zahlreichen Gefahren der Wildnis zu schützen. Wer ansonsten wenig oder keine Gelegenheit hat, eine Waffen zu führen, für den geht davon eine Faszination aus. Aber – ganz abgesehen von den rechtlichen Schwierigkeiten in Deutschland – ist eine Waffe überhaupt notwendig und geeignet, um auf Gefahren vorbreitet zu sein?

Hier in Deutschland gibt es außer Wildschweinbachen mit Frischlingen keine gefährlichen Tiere. Vielleicht noch streunende Hunde, aber das ist es dann auch. In den nordischen Ländern begegnet man noch dem Vielfraß, Braunbär und Luchs, aber die sind eigentlich sehr scheu. In Amerika und Kanada bedeuten Bären und Pumas echte Gefahren, weil der Mensch dort noch auf ihrer Speisekarte steht. In den gefährdeten Gebieten halten aber die Wildschutzbehörden ausreichend Informationen darüber bereit, wie man sich verhalten soll.

Was für Waffen führen die Trapper? In Amerika sind reichlich Waffen in jedem ländlichen Haushalt vorhanden. Außerhalb der Jagdzeit auf Weißwedel führen die meisten Trapper einen Kleinkaliber-Mehrlader und schießen damit vom Eichhörnchen bis zum dicksten Kojoten oder Waschbären alles. Besonders beliebt sind Selbstlader mit großer Magazinkapazität. Nicht, weil man damit viele Schüsse hintereinander abgeben kann, sondern weil dann in der Kälte das häufige Nachladen der kleinen Patronen mit klammen Fingern entfällt.

Kurzwaffen werden von Profis nur selten geführt, denn die Reichweite ist sehr begrenzt. Allenfalls eine Kurzwaffe für Kleinkaliber zum Töten von Tieren in Tellereisen habe ich gelegentlich gesehen.

Eines ist aber sicher: wer nicht mit der Waffe umgehen kann, der sollte keine mitnehmen: es schafft nur eine falsche Vorstellung von Sicherheit. Um sich mit Nahrung zu versorgen, reicht ein Kleinkaliber völlig aus. Es macht keinen Sinn, einen Elch zum Essen zu schießen, wenn man nur ein paar Tage unterwegs ist. Mit einem Kleinkaliber kann man die Tiere erlegen, die von zwei Leuten auch an einem oder in zwei Tagen verspeist werden können.

Mit einem einfachen Kleinkaliber kann man die Größe von Tieren erlegen, die man an einem oder zwei Tagen verspeisen kann.

Die Frage nach der richtigen Waffe erübrigt sich, wenn Sie eine Jagdreise machen. Jäger wissen meist ganz genau, was sie an Waffen und Munition benötigen.

Tip!
Es ist oft nicht notwendig, eine eigene Büchse mitzunehmen. Meist kann man sich vor Ort eine passende Waffe leihen. Bisher ist es mir noch immer gelungen, eine Waffe aufzutreiben.

Tip!
Beim Flug nach Amerika zählt ein Waffenkoffer als ein Gepäckstück. Falls Sie zu mehreren fliegen, sollten Sie die Waffen zusammen in einem Waffenkoffer verstauen. Sie können so in der Gruppe einige Gepäckstücke mehr mitnehmen. Gerade bei Jagdreisen ist ein Koffer meist nicht ausreichend.

Das richtige Messer...

Über das richtige Messer ist schon viel geschrieben worden. Nicht zuletzt auch von mir im „Messerbuch“. Aber an dieser Stelle sollen noch einige Gedanken dazu einen Platz finden.

In den Läden werden jede Menge Survival-Messer angeboten, mindestens mit einer 30-cm-Klinge, einer Säge auf dem Klingenrücken und einem Griff mit Kompaß und Hohlraum für Angelzeug. Diese Messer sind für den praktischen Einsatz völlig ungeeignet. Ein Messer mit einer Klingenlänge von 10 bis 12 cm reicht völlig aus. Je besser der Waldläufer mit einem Messer umgehen kann, desto kürzer kann die Klinge sein.

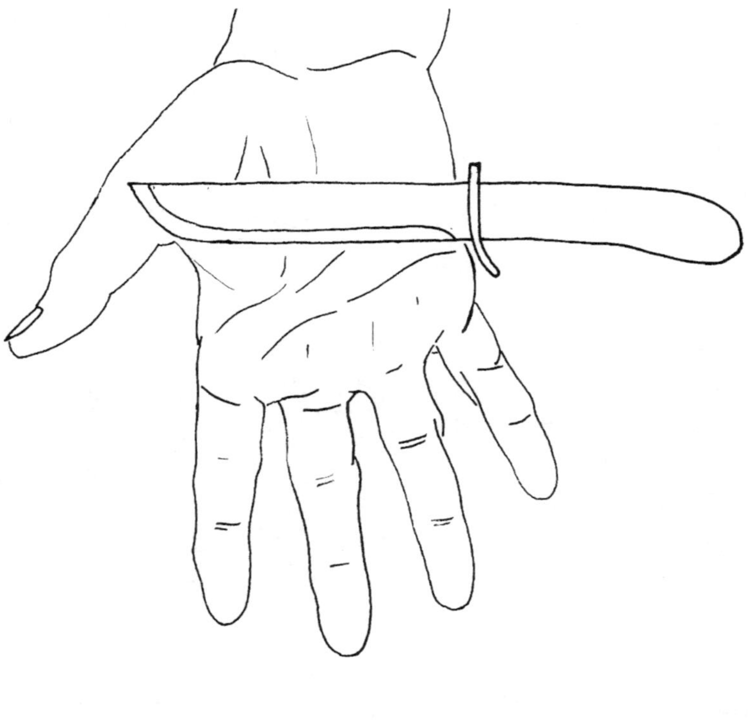

Eine Möglichkeit, die richtige Klingenlänge zu ermitteln: sie sollte nicht viel länger sein als die Handfläche breit ist.

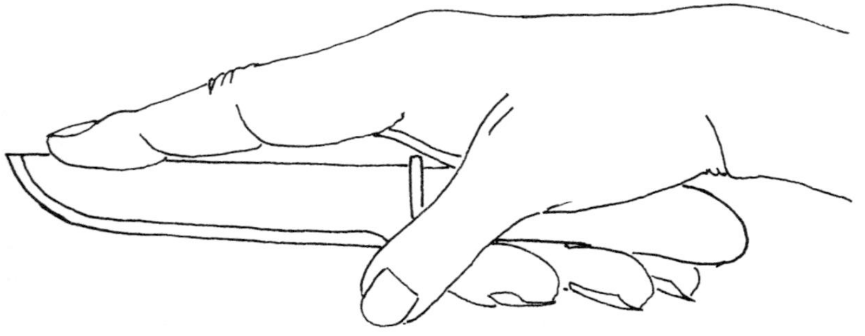

Ein Messer sollte einen Klinge haben, die nicht viel länger ist als der ausgestreckte Zeigefinger.

Hervorragend geeignet sind Messer in der finnischen Form. Achten Sie aber auf einen ausreichend bemessenen Handschutz, damit Sie mit feuchten Händen nicht vom Griff auf die Klinge rutschen und sich schneiden. Wer mit einem Messer vorsichtig umgeht und es mit Bedacht einsetzt, der kann eventuell auf einen Griff mit weniger ausgeprägtem Handschutz ausweichen.

Eine Auswahl von für unsere Zwecke tauglichen Messern.

Für noch feinere Arbeiten sollten Sie ein zusätzliches Taschenmesser mit feststellbarer Klinge dabei haben. Für die groben Arbeiten – wie das Abschlagen von Zweigen oder das Hacken von Feuerholz – ist eine kleine, leichte Axt wesentlich besser geeignet.

Einige brauchbare Taschenmesser mit feststellbarer Klinge.

Je mehr Aufgaben man einem Messer neben der eigentlichen Aufgabe – zu schneiden – zumutet, desto mehr Kompromisse muß man eingehen. Und desto mehr verlieren die Schneideigenschaften. Hacken und schneiden sind zwei so unterschiedliche Dinge, daß sie sich nicht sinnvoll in einem Messer und in einer Klinge vereinen lassen. Führen Sie also besser hochspezialisiertes Werkzeug mit sich. Auch wenn man ansonsten beim Camping immer eine Ausrüstung mitführen sollte, die möglichst vielseitig verwendet werden kann, so ist das bei Messern nicht der Fall.

Das Messer sollte in einer vernünftigen Scheide aus starkem Leder untergebracht sein. Die finnischen Messer werden seit einiger Zeit in Scheiden mit Kunststoff-Einsatz verkauft. Das bietet zusätzliche Sicherheit vor der scharfen Schneide.

...und wie man das Messer richtig benutzt

Der richtigen Umgang mit dem Messer sorgt dafür, daß weder dem Benutzer, noch umstehenden Personen oder dem Messer irgendwelcher Schaden zugefügt wird. Auch wenn viele Menschen in der Lage sind, mit einem Messer so vorsichtig umzugehen, daß ihnen selbst nichts passiert, dann zieht doch das Messer oftmals den kürzeren. Da werden Spitzen abgebrochen, Scharten in die Schneide geschlagen oder gar die Klinge verbogen oder abgebrochen. Die Firmen haben sich darauf eingestellt und die Klingen immer dicker gefertigt, damit sie stabiler werden. Mit einer dickeren Klinge gehen aber auch zwangsläufig schlechtere Schneideigenschaften einher. Die meisten Klingen sind unnötig dick und völlig überdimensioniert. Versuchen Sie einmal, mit einem Messer nur zu schneiden und dabei jegliche Kraftanwendung quer zur Klinge zu unterlassen!

Der nächste Hinweis ist, daß ein Schnitt immer in einer sicheren Richtung enden muß, also weder im eigenen Körper noch in dem eines anderen. Sollte das Messer beispielsweise beim Schnitzen abrutschen, dann darf es nicht in den Oberschenkel abgleiten.

Wenn man einen dicken Ast, beispielsweise einen armdicken Haselstecken, herunterbiegt und mit dem Messer schräg schneidet, kann man ihn problemlos abtrennen. Wichtig ist, daß durch das Biegen die bereits zerschnittenen Fasern aus dem Weg springen und die Messerklinge nicht behindern. Mit dem Messer zu hacken, wäre hier völlig fehl am Platze.

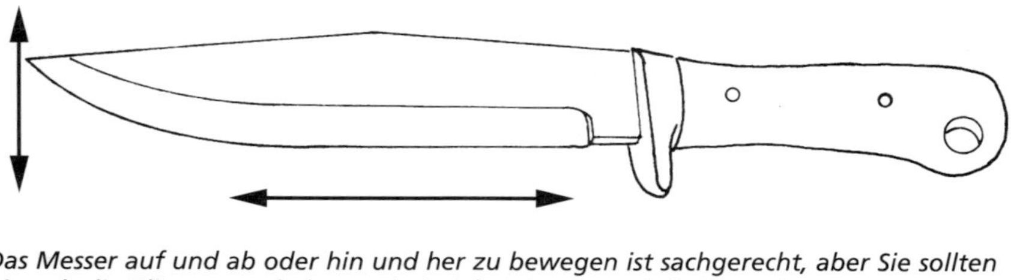

Das Messer auf und ab oder hin und her zu bewegen ist sachgerecht, aber Sie sollten niemals die Klinge quer belasten, beispielsweise damit hebeln, sie könnte dabei brechen.

Einen Ast biegt man erst richtig nach unten…

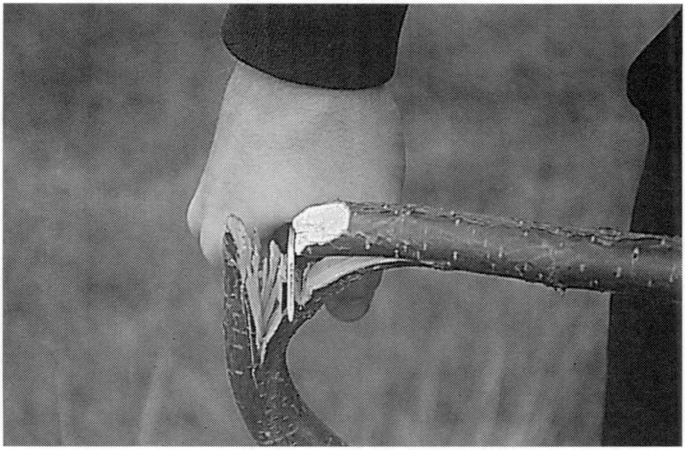

…und schneidet dann auf der Oberseite ein. Die Holzfasern weichen aus dem Weg und lassen das Messer immer weiter eindringen.

Manchmal benötigt man eine glatte Schnittfläche, nachdem man einen dickeren Ast abgeschnitten hat. Dann bietet es sich an, die Messerklinge mit einem Schlägel aus Holz – der beschädigt nicht den Klingenrücken – durch den Ast zu treiben.

Bei all diesen Tätigkeiten sollten Sie sich immer bewußt sein, daß es sich bei dem Werkzeug um ein Messer handelt und nicht um eine Axt. Die Schneide verträgt es normalerweise problemlos, wenn sie nur in der Längsrichtung beansprucht wird. Eine Bewegung quer zur Klinge kann sie zerbrechen oder die Schneide schartig machen.

Weiterhin im Verlag erschienen

VENATUS
VERLAGS-GMBH

VENATUS Verlags-GmbH · Köterei 15 · 38108 Braunschweig
Tel.: 05 31 / 37 75 12 · Fax: 37 75 38 · EMail: Venatus@t-online.de

64 Seiten, zahlreiche Zeichnungen und s/w-Abbildungen, broschiert, 10 x 14 cm.
ISBN 3-932848-05-5, Preis: 14,80 DM

Carsten Bothe

Messer schärfen wie die Profis

Nie wieder stumpfe Messer!

Nach dem großen Erfolg des Messerbuches jetzt eine kleine Abhandlung über das Thema „Messer schärfen". Haben Sie sich nicht auch schon etliche Male über Ihr stumpfes Messer geärgert? Hier wird aus dem Schärfen keine Wissenschaft gemacht, es wird einfach und einleuchtend erklärt, so daß stumpfe Messer der Vergangenheit angehören.

Welche Messer werden mit welchen Steinen oder anderen Hilfsmitteln wie geschliffen? Wie erhält man die Schärfe? Alles ist so erklärt, daß ein Laie jedes Messer so scharf wie ein Rasiermesser bekommt.

Das richtige Schärfen eines Messers ist erschreckend einfach. Hier zeigt ein Könner, wie es gemacht wird. Das Büchlein muß einfach in jeder Bastelecke stehen.

Schluß mit stumpfen Messern! Jeder hat ein Recht auf scharfe Messer!

Kompetenz
in Sachen Jagd

Alle Titel erhalten Sie in jeder guten Buchhandlung, im Jagdfachgeschäft oder direkt beim Verlag.

Pflege des Messers

Ein Messer ist natürlich nur dann richtig einsatzbereit, wenn es scharf und gut gepflegt ist. Die Finnenmesser mit ihren Klingen aus nicht rostfreiem Dreilagenstahl laufen bei der Benutzung an, besonders wenn man saures Obst geschnitten hat. Für den Gebrauchswert hat das kaum Auswirkungen, die Schneide schneidet fleckig nicht schlechter. Allenfalls kann das geschmackliche Beeinträchtigungen der Nahrung verursachen. Diesen Belag kann man leicht mit einem Korken und Chrompolitur oder Zahnpasta entfernen.

Um das Messer wieder scharf zu bekommen, sollte man einen kleinen Schleifstein bereit haben. Noch leichter ist ein Stück wasserfestes Sandpapier in der Körnung um 600. Man schleift die Klingen erst von einer Seite so lange, bis man einen Grat auf der oberen Seite der Klinge spürt. Dann wird das Messer umgedreht und von der anderen Seite geschliffen, bis auch dort der Grat aufgeworfen ist. Dieser wird dann abpoliert. In aller Ausführlichkeit wird das im Buch „Messer schärfen wie die Profis" beschrieben.

Klappmesser können recht viel Schmutz in den innenliegenden Teilen ansammeln. Mit Pfeifenreinigern oder Wattestäbchen lassen sich diese Ecken reinigen. Wer in einer Werkstatt Druckluft zur Verfügung hat, kann den Dreck auch ausblasen. Damit die Mechanik funktioniert, ist ab und zu ein Tropfen Öl an der richtigen Stelle nicht verkehrt.

> **Tip!**
> Nutzen Sie auf keinen Fall zum Ölen von Taschenmessern Waffenöl. Dieses löst Messing und damit die Platinen, aus denen ein Taschenmesser üblicherweise aufgebaut ist. Geeigneter ist Trompetenöl aus dem Musikalienhandel. Das ist auf Buntmetalle und gleitende Teile abgestimmt.

Bei Taschenmessern mit zwei Klingen, die an verschiedenen Seiten auf der gleichen Feder ruhen, dürfen Sie niemals gleichtzeitig beide Klingen halb öffnen. Die Feder wird dann maximal beansprucht und kann brechen.

Messerscheiden sind für das gefahrlose Mitführen eines Messers unverzichtbar. Wichtig ist dabei, daß sie aus festem und dickem Leder hergestellt sind oder einen Kunststoff-Einsatz besitzen. Nur so kann man bei einem Sturz einigermaßen sicher sein, sich die Klinge nicht in den Oberschenkel zu rammen.

Das Scheidenleder wird nicht mit Lederöl, sondern mit wachshaltigen Mitteln (analog zu den Bergstiefeln) behandelt. Es soll nicht zu weich werden. Sie sollten Messer zuhause nicht in der Lederscheide aufbewahren. Die Gerbsäure des Leders greift Messing und Stahl an, die Stellen könnten oxidieren.

Die richtige Axt...

Eine vernünftige Axt ist hier in Deutschland nicht leicht zu bekommen. Meist sind die Eisen zu schwer und die Stiele zu kurz. Eine gute Axt kann ein langes Messer ersetzen, und man kann damit beispielsweise Nägel einschlagen – das ist ein Vorteil gegenüber einem langen Messer. Die Axt erzielt ihre Wirkung durch die Geschwindigkeit des Schlages, nicht so sehr durch das Gewicht des Eisens. Sicherlich gehört auf einen groben Klotz ein grober Keil, aber bei einer Wildnisreise brauchen wir keine groben Klötze zu spalten.

Das Gewicht des Eisens der Axt sollte nicht über 500 Gramm liegen, der Stiel jedoch so lang wie der Arm des Benutzers sein. Mit einer solchen Axt kann man einerseits schnelle Schläge ausführen, weil der lange Stiel ordentlich „Zug" hat, andererseits läßt sich die Axt sehr kurz hinter dem Eisen fassen, und der lange Stiel balanciert das Werkzeug aus. Auf diese Weise ist die Axt auch für sehr genaues Arbeiten geeignet.

Wichtig bei der Axt ist ein sehr schlankes, aber nicht dickes Blatt. Dadurch kann die Axt besser in das Holz dringen, denn sie soll schneiden und nicht durch Keilwirkung spalten.

Um die Axt sicher zu transportieren, muß die Schneide mit einer Schutzhülle versehen werden. Am Gürtel wird dieses Werkzeug nicht getragen, sie wird immer am Rucksack befestigt oder bleibt im Auto.

Hiermit würde ich mich nicht in den Wald trauen.

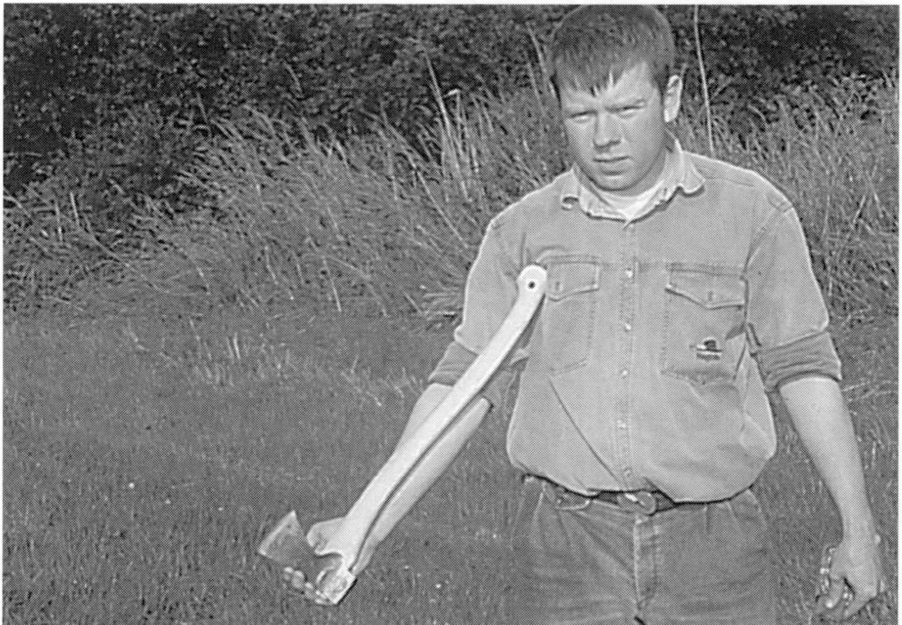

Wenn der Axtstiel so lang ist wie der Arm des Benutzers, hat er die richtige Länge.

Zum Thema Axt und Beil gibt es einiges mehr zu sagen, das würde aber den Rahmen dieses Buches sprengen. In meinem „Messerbuch" habe ich in einem ausführlichen Kapitel die Geschichte der Äxte und Beile und deren Pflege, Handhabung und besonders das Schärfen abgehandelt. Interessierte mögen bitte dort nachlesen.

Einige brauchbare Äxte. Die obere ist als leichte Axt für den Wald gedacht, die mittlere ist als Jägeraxt mit einem abgerundeten Nacken für das Aus-der-Decke-schlagen vorgesehen. Die untere mit dem geraden Stiel und der geraden Schneide ist für den Holzbau ideal.

Diese Axt sieht zwar pfiffig aus, ist für den Einsatz aber schlecht durchdacht.

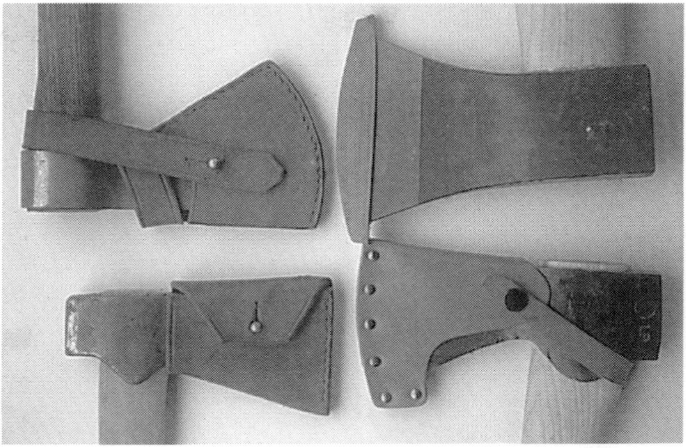

Brauchbarer Schutz der Axtschneiden.

...und wie man die Axt richtig benutzt

Jeder weiß, mit dem richtigen Schwung kann man viel Kraft sparen, das gilt besonders beim Umgang mit der Axt. Sie richtig zu handhaben erfordert einiges an Geschick. Kraftanwendung allein zeigt weniger Wirkung als die Geschwindigkeit, mit der die Axt geführt wird. Eine leichte Axt mit hoher Geschwindigkeit geschlagen ist wirkungsvoller als eine schwere Axt, die man nicht mit so viel Schwung einschlagen kann. Kraftvolles Drücken am Stiel ist nicht sinnvoll, die Axt muß schwingen!

Für einen wuchtigen Schlag wird die Axt mit der einen Hand am unteren Ende des Stieles gefaßt, die Hand bleibt dort während des ganzen Vorganges. Die andere faßt die Axt direkt unter dem Eisen an und hebt sie über den Kopf oder zur Seite – ja nach Schlagrichtung. Beim Schlag gleitet diese Hand am Stiel entlang und trifft auf die andere Hand, kurz bevor das Eisen in das Holz eindringt. Ein gutes Beispiel für diese Wirkungsweise ist das Hammerwerfen: Hier wird das Gewicht des „Hammers" durch rasantes – nicht ausschließlich kraftvolles! – Schwingen vervielfacht, und die Wirkung zeigt sich in der Weite des Wurfes. Der Hammer beim Hammerwerfen besitzt anstatt des Stieles eine Klaviersaite, und genauso muß man sich den Axtstiel vorstellen. Er muß nicht beim Einschlagen massiv sein, sondern nur, wenn das Eisen aus dem Schnitt gezogen wird.

Axt kurz unter dem Eisen fassen und mit Schwung schlagen. Die Hand unter dem Eisen rutscht dabei den Stiel herunter auf die Hand am Ende (Pfeile).

Wichtig bei der Arbeit mit einer Axt ist, daß der Schlag immer im weichen Holz enden muß. Es hilft, einen Klotz unterzulegen, damit ein Widerlager entsteht. Die Schneide leidet dann nicht und man kann kräftiger zuschlagen. Fehlt die Unterlage, schlägt man unsicherer und viel verhaltener, weil das Holz schwingt.

Ein Baumstamm wird mit vielen schrägen Schlägen eingekerbt und so getrennt.

Um einen Baumstamm durchzuhacken, legt man ihn entweder auf eine Unterlage oder – wenn er zu dick ist – läßt man ihn glatt auf der Erde liegen. Es ist nicht oder kaum möglich, den Stamm mit senkrecht geführten Schlägen zu zerteilen. Stattdessen muß man die Schläge abwechselnd von rechts und links im Winkel von rund 45° führen und so eine Kerbe immer tiefer in den Stamm schlagen. Bei jedem Schlag wird ein Span abgetrennt und – wenn er nicht schon von selbst abgefallen ist – mit dem zweiten, entgegengesetzten Schlag abgeschnitten.

Mit dieser Arbeitsweise gelangt man aber nicht sehr tief in das Holz, weil man – je tiefer die Kerbe wird – mehr Holz entfernen muß. Mit jedem Schlag wird man also ineffektiver. Deshalb dreht man den Stamm ein Stück weiter und beginnt eine neue Kerbe, die auf die erste trifft. Je dicker der Stamm ist, desto mehr Kerben werden notwendig sein.

Eine ständige Arbeit ist das Sammeln von Brennholz. Bei dieser Gelegenheit wird die Axt am meisten mißbraucht. Trockenes Holz – beispielsweise Buche mit vielen Ästen – ist schädlich für die Axtschneide. Besser ist es, die Äste an einen Baumstamm zu lehnen und mit der Kappe der Axt zu zerbrechen. Leichter geht es ganz ohne Axt, indem man die Äste einfach gegen einen Baum schlägt und der überstehende Teil abbricht.

Trockenes Feuerholz wird mit der Kappe der Axt zerbrochen. Es ist zu hart für die Axtschneide und würde diese u.U. beschädigen.

Um Brennholz zu spalten – es brennt zerkleinert schneller an – wird das Holzscheit mit der linken Hand gefaßt und die Axtschneide aufgesetzt. Bei Linkshändern ist es sinngemäß umgekehrt. Das erklärt ein Bild aber besser als eine Beschreibung.

Einer der größten Fehler beim Brennholzspalten ist es, das Scheit mit einer Hand festzuhalten. Das gefährdet bei einem unachtsamen Schlag den Daumen und Zeigefinger. Achten Sie einmal auf die linke Hand von Boris Jelzin, ihm fehlen Daumen, Zeigefinger und der halbe Mittelfinger.

Scheite, die nicht von selbst stehen, werden immer mit einem zweiten Scheit gehalten!

So hackt man sich beim Spalten nicht die Finger ab, besonders wenn das Holz nicht gesägt ist und deshalb keine Standfläche besitzt.

Ein kleines Holzscheit wird mit einem anderen Stock und nicht mit den Fingern gehalten!

Um Stöcke in die Erde zu schlagen, müssen diese angespitzt werden. Das ist mit einer Axt leicht möglich. Um ein sauberes Ergebnis zu erhalten, gehen Sie wie folgt vor: Zuerst wird eine Seite bis zur Mitte schräg abgeschlagen. Dabei sollten Sie sich aber nicht zu viel auf einmal zumuten. Beginnen Sie am oberen Auslauf der Schräge und schlagen Sie einen langen, gleichmäßigen Span ab. Der nächste Schlag folgt der geschlagenen Bahn tiefer und so fort, bis die Seite fertig abgeschrägt ist. Dann wird die nächsten Seite bearbeitet, und zwar genau gegenüber der ersten. Es ist leichter, die beiden Seiten parallel auszuformen. Dann folgen nacheinander die beiden restlichen Seiten, bis man eine akkurate, im Ansatz quadratische Spitze hat.

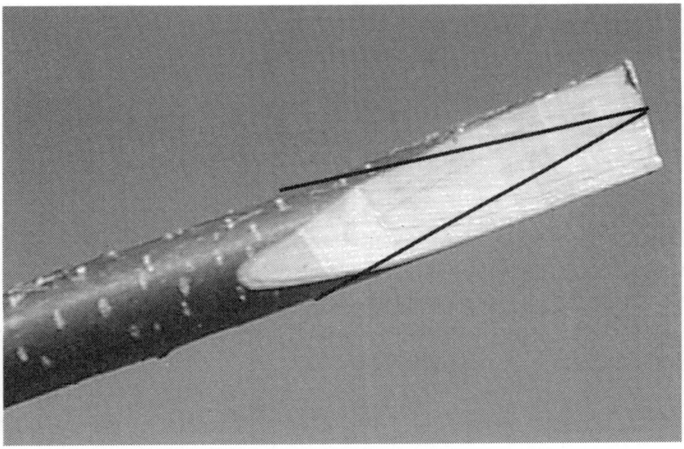

Das Anspitzen eines Pfahles ist einfach, wenn man systematisch vorgeht: erst die beiden gegenüberliegenden Seiten ausarbeiten, dann die angezeichneten Linien.

Mit einer scharfen Axt lassen sich auch feine Arbeiten ausführen, wie beispielsweise das Glätten von Brettern oder das Einpassen von Zapfen. Hier werden von einem trockenen Stab feine Holzlöckchen geschabt.

Mit einer Axt kann man allerdings nicht nur spalten, es lassen sich mit ihr auch sehr feine Arbeiten durchführen. Mit einer Axt muß man nicht nur schlagen: kurz unter dem Eisen gefaßt, kann man mit der Schneide auch präzise schneiden, beispielsweise um eine Bohle zu glätten, Kanten zu brechen oder um Zapfen in ein Loch einzupassen. Wenn die Axt kleiner und sehr scharf ist, läßt sich mit ihr ein Stück Wild aufbrechen.

Sicherer Umgang mit der Axt

Zum sicheren Umgang mit der Axt gehört einiges Wissen um das Gefahrenpotential dieses Werkzeuges. Dabei geht die Gefahr nicht nur von der Schneide aus, der Nacken ist mindestens ebenso gefährlich, wenn beispielsweise ein über dem Kopf hängender Ast die Axt mit Wucht auf den Axtbenutzer zurückschleudert.

Die Schneide bedeutet die größere Gefahr. Ist sie stumpf und abgerundet, kann es passieren, daß die Axt nicht wie vorgesehen in das Holz eindringt, sondern an der Rinde abgleitet und dem Benutzer das Bein verletzt. Dabei geht von einer Axt mit einem kurzen Stiel eine wesentlich größere Gefar aus als von einer mit längerem Stiel. Je länger der Stiel, desto größer die Wahrscheinlichkeit, daß die Schneide in den Boden dringt.

Den einwandfreien Zustand der Werkzeuge sollte man nicht vernachlässigen. Eine Axt mit locker sitzendem Eisen kann durch zwei Methoden repariert werden. Hat sich der Sitz gelockert, weil das Holz beim Trocknen geschrumpft ist, stellt man die Axt über Nacht ins Wasser. Das Holz quillt auf und das Eisen sollte wieder fest sitzen. Falls das nicht hilft, muß die Axt neu eingestielt werden. Dazu wird der Keil entfernt und der Stiel wieder passend eingesetzt. Mit einem neuen, jetzt etwas breiteren Keil erhält der Stiel wieder einen festen Sitz. Eine andere Form der Reparatur gibt es nicht! Die Kräfte, die bei einem schnellen Schlag mit der Axt freiwerden sind so groß, daß eingeschlagene und umgebogene Nägel keine Sicherheit geben. Ein gebrochener oder gesplitterter Stiel muß ausgetauscht werden, eine Reparatur mit Draht oder Bindfaden ist gefährlich, weil sie das Eisen nicht fest genug hält und eine Hand am Herabgleiten am Stiel behindert.

Viele Unfälle mit einer Axt ereignen sich nicht, wenn sie benutzt wird, sondern wenn sie abgelegt ist. Dann muß sie entweder locker in den Hackeklotz geschlagen werden, oder der Schneidenschutz wird über die Schneide gelegt. So kann man nicht versehentlich in die scharfe Schneide greifen.

Wenn man einen Hackeklotz benötigt, ist es praktisch, einen Baum in angenehmer Arbeitshöhe abzusägen – nicht knapp über der Erde. Der Hackeklotz ist deshalb so dick, damit er von alleine steht. Bei einem Baumstumpf muß das aber nicht sein, und so nutzt man einen wesentlich dünneren Baum. Schlagen Sie mit der Axt beim Spalten nicht mitten in den Klotz. Es ist besser, wenn die Ferse der Axt noch etwas überhängt. Dann wird der Stiel der Axt nicht so beschädigt.

Äste abschlagen

Das Ausasten ist eine der typischen Aufgaben für eine Axt. Dabei werden von Anfängern immer wieder Fehler gemacht. Zum einen sollte man stets dafür sorgen, daß der zu entastende Baumstamm zwischen dem Arbeitsplatz der Axt und den eigenen Füßen liegt. Nur so endet ein Fehlschlag sicher im Holz und nicht in den eigenen Füßen. Dann sollte man die Äste von unten nach oben hin abschlagen, und zwar mit dem ersten Schlag dicht am Stamm.

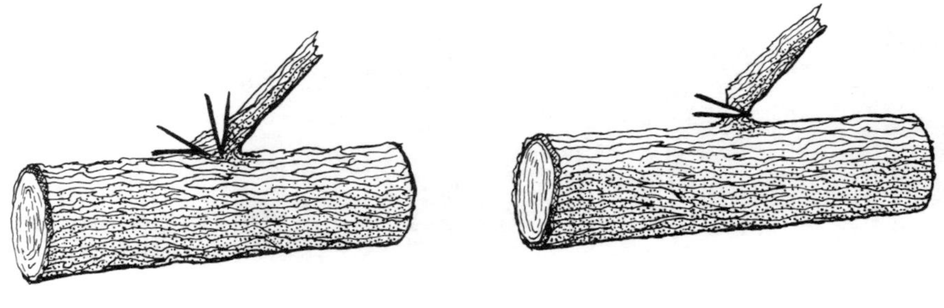

Der erste und der zweite Schlag entfernen einen Teil des Ansatzes, der dritte Schlag trennt den Ast dicht am Stamm vollständig ab.

Sollte es notwendig sein, einen stehenden Baum auszuasten, müssen Sie besonders vorsichtig sein. Schon oft ist es vorgekommen, daß eine Axt sich im Schwung an einem federnden Ast verfangen hat und von diesem auf den Kopf des unglücklichen Holzfällers zurückgeschleudert wurde.

Schlagen Sie niemals Äste über Ihrem Kopf ab. Sollte Ihnen die Axt aus der Hand gleiten, weil Sie den Ast verfehlt haben, kommt sie mit der Schneide unweigerlich auf Sie zu!

Die richtige Säge...

Mit einer Säge kann man Holz leichter zerteilen als mit einer Axt, zumindest wenn es einen größeren Durchmesser als sechs Zentimeter hat. Mit ihr lassen sich glatte Schnitte ausführen, was mit einer Axt nicht so einfach möglich ist. Ein geübter Waldläufer braucht eine Säge nicht mit in den Wald zu nehmen, ein Sägeblatt reicht aus. Den Bügel für die Säge baut er selber.

Eine gute Säge für den Wald.

Mit einem Haselstecken, der von der Dicke her gut in der Hand liegt, beginnt es. Aus ihm werden zwei Griffe geschnitten, die an der einen Seite mit dem Sägeblatt einen Einschnitt erhalten. Diese Schnitte sind so tief, wie das Blatt hoch ist. In der Mitte wird der Griff an der später innen liegenden Seite gelocht, damit dort der Mittelsteg eingesetzt werden kann. Am oberen Ende wird eine Kerbe für das Spannseil geschnitten. Der Mittelsteg wird an beiden Seiten passend zu dem Loch in den Griffen angespitzt. Das ist alles.

Die Einzelteile der Bügelsäge werden locker verzapft.

Um mit dem Sägeblatt die Holme schlitzen zu können, umwickelt man es mit einem Stück Leder oder einem Taschentuch. So hat man das Sägeblatt für den ersten Schnitt fest im Griff. Sie können auch den Anfang erleichtern, indem Sie den Schnitt durch eine mit dem Messer geschnittene Kerbe anzeichnen.

Zum Zusammenbau wird das Sägeblatt in den Schlitz der Griffe geschoben, und durch die Löcher im Sägeblatt steckt man einen Nagel oder ein Stück Hartholz. Dann wird das Mittelstück eingesetzt und zum Schluß die Spannschnur eingezogen. Mit einem Knebel verdreht man die Schnur, so daß diese sich verkürzt und das Sägeblatt gespannt wird. Der Knebel stützt sich am Mittelsteg ab.

...und wie man die Säge richtig benutzt

Bei der Arbeit mit der Säge ist es wichtig, daß man das zu sägende Holz festlegt. Am einfachsten ist das mit einem Sägebock zu machen. Einen solchen extra zu bauen ist meist nicht notwendig. Ein Dreibein tut es auch und ist wesentlich schneller fertiggestellt.

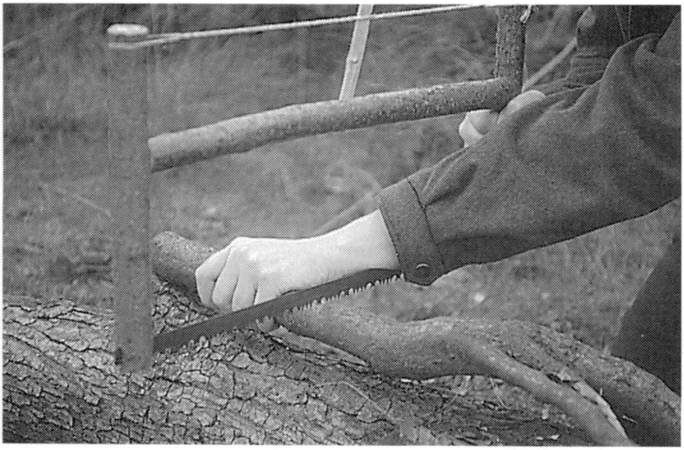

Bei den ersten Schnitt-Versuchen greift man durch die Säge hindurch, so schneidet man sich nicht, wenn das Sägeblatt abrutscht.

Beim Sägen von Feuerholz, besonders bei dünnen und kleinen Stücken, die auf dem Sägebock nicht mehr zu halten sind, dreht man die Säge um. Sie wird einfach mit der Brust gegen einen Baum gedrückt, und mit beiden Händen sägt man das Holz, wie in der Abbildung zu sehen.

Für kleine Stücke dreht man die Säge um und stemmt sich dagegen.

Bäume fällen

Einen Baum zu fällen ist eine Arbeit, die Geschick und Wissen erfordert. Es reicht nicht, den Baum einfach unten abzusägen, er muß auch in die richtige Richtung fallen, ohne jemanden zu erschlagen oder andere Stämme zu beschädigen. Auch wenn das Fällen einfach aussieht, sollte man es Fachleuten überlassen. Zur Not kann man auch kleine Bäume selber fällen – wenn es erlaubt ist. Als gutes Maß gilt, nur solche zu fällen, die man unten mit beiden Händen noch umfassen kann. Dickere sind schwierig und gefährlich.

Vorsicht bei Windwürfen! Die übereinanderliegenden Stämme können unter Spannung stehen, ohne daß man es ihnen ansieht. Beim Durchschneiden schnellen sie unversehens in die Ausgangsstellung zurück und sind dabei unwahrscheinlich gefährlich!

Als Werkzeug ist für kleinere Bäume eine Axt sicherlich ausreichend, aber bei der Stärke eines Oberschenkels wird es mit ihr schwierig. Solche Bäume sind so hoch, daß es nicht einfach ist, sie in die richtige Richtung zu dirigieren.

Dicker sollten die Stämme, die man als Laie fällen kann, nicht sein.

Bei dickeren Bäumen muß eine Säge her. Mit ihr kann man nur arbeiten, wenn man einen Keil und einen Hammer oder eine Axt dabei hat, um den Keil in den Sägeschnitt zu schlagen, sonst würde das Gewicht des Baumes den Schnitt zudrücken und die Säge festklemmen. Aber: warum sollte man einen solchen Baum fällen. Wenn er liegt, ist er so schwer, daß man ihn ohne Hilfsmittel nicht bewegen kann. Was soll man mit einem solchen Baum anfangen?

Fällkerb rechts und Fallkerb links, der Baum fällt nach links.

Der Fallkerb wird zur Hälfte in den Baum geschnitten und bestimmt die Richtung, in die der Baum stürzen soll. Der Fällkerb sorgt dafür, daß der Baum sich neigt. Er wird etwas über dem Fallkerb und nur zu etwa einem Drittel in den Baum geschnitten. Das Holz, das zwischen Fall- und Fällkerb stehen bleibt, dient als Scharnier, über das der Baum kippt. Wenn es zu klein bemessen wird, dreht sich der Baum und kippt unkontrolliert.

Auf jeden Fall sollten Sie einige Schritte zurücktreten, sobald der Baum kippt, denn das abgesägte Ende kann mit Schwung hochschlagen, wenn der Stamm über eine Bodenwelle fällt. Die größte Gefahr aber geht von Ästen aus, die in der Krone des Baumes abbrechen und dann herabfallen. Also sollten Sie immer nach oben schauen.

Eine größere Gefahrenquelle sind schief stehende Bäume, die in eine andere Richtung gefällt werden sollen, als in die sie hängen, und solche, die beim Fallen in einem anderen Baum hängen geblieben sind. In beiden Fällen sollte man die Finger davon lassen, wenn man keine Erfahrung damit hat.

Weitere Gefahren bergen kleine Bäumchen, die unterhalb der großen wachsen und von dem gefällten Stamm heruntergebogen und eingeklemmt werden. Sie stehen unter Spannung und dürfen auf keinen Fall mit einem beherzten Schlag am Boden abgetrennt werden. Schon ein nur armdicker Schößling kann einen Menschen töten, wenn er unter Spannung steht, abgetrennt wird und beim Zurückschnellen den Holzfäller am Kopf trifft.

Eines sollte Sie immer bedenken: den Baum dirigiert man beim Fällen durch die Schnitte. Jegliche Versuche, ihn mit Seilen in die richtige Richtung zu ziehen oder mit Stangen zu drücken sind lebensgefährlicher Leichtsinn.

Die Schaufel

Zur kompletten Ausrüstung gehört eine Schaufel. Ich benutze eine kleine Gartenschaufel aus Kunststoff, die wenig wiegt, und durch eingeklemmte Korken im Griff wird sie schwimmfähig. Mit einer solchen Schaufel kann man das Lagerfeuer vorbereiten, kleine Löcher für den Spatengang graben oder einen Wassergraben um das Zelt ziehen. Bei größeren Erdbewegungen ist diese kleine Schaufel natürlich überfordert, da wird man ohnehin einen größeren Klappspaten benutzen. Wichtig ist nur, mit der Schaufel erst einmal die Grasnarbe abzutragen, in dem Erdreich hilft dann auch das Kochgeschirr weiter. Ich habe schon Löcher mit einem Kochgeschirr im Sand ausgehoben. Es geht erstaunlich gut – sogar besser als mit einem Spaten. Und hinterher ist das Kochgeschirr durch den „Scheuersand“ von innen und außen sauber geputzt.

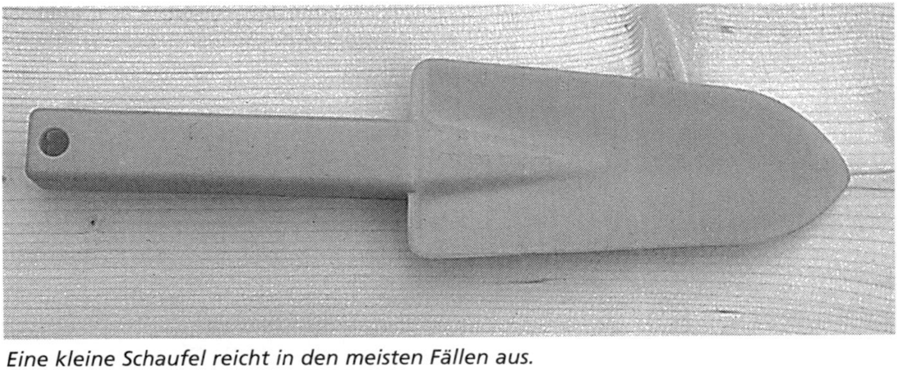

Eine kleine Schaufel reicht in den meisten Fällen aus.

Der Rucksack

Viele Hersteller bieten Rucksäcke in herrlichsten Papageienfarben an, aber in gedeckten Tönen, wie sie Jäger brauchen, gibt es sie kaum. Bunte Farben haben zwar im Hochgebirge den Vorteil, daß man sie weithin sehen kann, aber gerade das ist bei der Jagd ein Nachteil.

Vorab möchte ich etwas zur Größe und dem Gewicht sagen. Ein Rucksack mit 100 Litern Inhalt – ich besitze solch ein Monster – läßt sich nicht mit „normaler" Beladung, sondern nur mit reichlich Fallen oder Munition bepackt auf ein Gewicht von 30 kg bringen. Und bei einem Gepäckstück mit 32 kg – das ist die Gewichtsgrenze für den Flug über den großen Teich – hat man beim Anheben das Gefühl, es sei am Boden festgenagelt. Solch einen schweren Rucksack kann man nur mit fremder Hilfe oder viel Training auf den Rücken wuchten, von längeren Wanderungen ganz zu schweigen.

Fällt man mit diesem Gewicht auf den Boden, kann man sich aus eigener Kraft nicht mehr aufrichten, und muß den Rucksack dazu absetzen. Was will man also mit einem Rucksack, den man nicht mehr heben kann? Nichts! Ein Rucksack muß nicht zwingend prall vollgefüllt sein, aber fast leer ist auch nicht der Weisheit letzter Schluß. Im Umkehrschluß ist ein zu kleiner Rucksack auch nicht zweckmäßig, weil er erstens nicht für zu viel Gewicht ausgelegt ist (dünne Tragegurte), und zweitens weil das Gepäck außen am Rucksack befestigt werden muß.

Es reichen 60 Liter vollkommen aus, gerade für längere Wanderungen. Den Schlafsack braucht man nicht in den Rucksack zu stecken, er ist leicht und relativ sperrig, und findet außen am Rucksack einen Platz. Schwere Sachen tragen sich nahe am Körper am bequemsten, und man sollte versuchen, den Rucksack deshalb möglichst flach und dafür hoch zu packen. Ein Rucksack sollte immer ein kompaktes Paket sein, das nicht ruckelt und an dem nichts schlackert.

Was viele Tramper nicht wissen: selbst ein vollgepackter Rucksack schwimmt, vorausgesetzt man hat normales Gepäck und keine Backsteine geladen. Bei nur kurzzeitigem Aufenthalt im Wasser dringt es kaum in den Rucksack ein oder ist nur in der Lage, wenige Sachen zu durchfeuchten. Muß man schnell ein Gewässer durchschwimmen, ohne sich lange vorzubereiten, kann man getrost den Rucksack ins Wasser werfen und hinterherschwimmen, er geht nicht unter!

Tip!
Binden Sie zum Packen den Rucksack mit einem Seil in bequemer Höhe an einen Baum, er läßt sich dann einfach beladen, und er wird vom Waldboden nicht feucht.

Truhe

Ein praktisches Ausrüstungsstück für ein festes Camp ist die Abenteuerkiste. Stücke aus den Ausrüsterkatalogen sind durch den Blech- oder Aluminiumkörper leichter als die hölzernen. Die selbstgemachten aus Holz sehen jedoch besser aus und sind durch variable Innenausstattung eher dem eigenen Bedarf anzupassen. Da sie im Zelt auf den Boden gestellt werden, sollten sie einige der folgenden Merkmale aufweisen:

Die Kiste sollte unbedingt auf kleinen Füßen stehen, damit die Bodenfeuchtigkeit nicht direkt an die Bodenplatte gelangen kann.

Der Deckel sollte flach sein, damit man sich auf die Kiste setzen kann. Ein runder Deckel sieht zwar gut aus, verschenkt aber Raum und ist schwieriger herzustellen. Der Deckel sollte entweder durch eine Kette an der Innenseite im offenen Zustand festgehalten werden können oder sich nach hinten überklappen lassen. Den Innenraum kann man durch eine Schublade trennen. Diese wird von oben auf eingeschraubte Leisten gelegt. Weiterhin kann man den Innenraum durch Trennwände aufteilen, damit beispielsweise die Schnapsflasche nicht umfällt.

Tip!
Beschlagen Sie zum Schutz vor der Bodenfeuchtigkeit die Füße der Kiste mit Blech oder Kupfer.

Tip!
Anstelle der Füße können Sie zwei Leisten unter die Kisten schrauben.

Tip!
Die Beschläge aus dem Baumarkt sehen rustikaler aus, wenn Sie einen Schmied bitten, diese im Feuer zu erhitzen und die Enden auszuschmieden. Das ist wesentlich günstiger als Beschläge komplett beim Kunstschmied fertigen zu lassen.

Tip!
Schlagen Sie die Kiste mit geschlossenzelligem Schaumstoff aus, dann haben Sie gleichzeitig eine Kühlbox.

Tip!
Eine Leiste, auf halber Höhe innen an die Kiste geschraubt, sorgt dafür, daß Sie einen Einsatz unterbringen können und zusätzlichen Stauraum und Ordnung erhalten.

Tip!
Die Kiste sollte rund 50 cm hoch sein, dann kann man sie als Sitzgelegenheit nutzen, allerdings muß der Deckel flach sein.

Seile und Schnüre

Im Wald muß man mitunter etwas festbinden, anbinden oder sichern. Dazu braucht man Schnüre oder Seile. Nehmen Sie solche aus Kunststoff, denn sie verrotten nicht und lassen sich an den Enden einfach mit einem Feuerzeug zusammenschmelzen, damit sie sich nicht aufdrieseln.

Anstatt eines einzelnen langen Seils sollten Sie mehrere kurze Stücke mitführen, die dann aber nicht weiter zerschnitten werden dürfen. Je länger das Seil ist, desto stärker muß es sein. Einige Stücke von zwei Metern Länge, dann eines mit fünf Metern und ein langes Seil mit zehn bis zwanzig Metern Länge sollten ausreichen. Achten Sie darauf, daß sich die Seile auch gut knoten lassen und nicht zu bockig sind. Im Baumarkt gibt es Angebote von orangefarbenen Plastikseilen. Diese sind aber so steif und hart, daß man damit nichts Sinnvolles anfangen kann. Seile aus Kunststoff sind glatt und rutschen leicht, solche aus Naturfasern wirken griffiger.

Bergsteiger benutzen aus verschiedenen Lagen gefertigte Seile. Der Zweck ist, daß diese Seile bei einem Sturz den Bergsteiger elastisch abfangen, so daß er nicht durch den plötzlichen Bremsvorgang Knochenbrüche erleidet. Solch ein Seil dehnt sich dabei und wird unbrauchbar. Diese Seile sind teuer und für unsere Zwecke nicht notwendig.

Zum Verbrauch benötigt man Schnüre verschiedener Stärken. Das von den Heuballen her bekannte Pressengarn aus Kunststoff ist hervorragend geeignet und für wenig Geld im Landhandel zu erhalten. Noch billiger ist gebrauchtes Pressengarn vom Bauern. Falls man eine dünnere Schnur benötigt, kann man dieses Garn einfach in verschiedene Stränge trennen. Paketband eignet sich auch sehr gut.

Tip:
Sollte ein Seil reichlich Kinken und Knicke aufweisen, wässern Sie es kurz und spannen es im Freien stramm zwischen zwei Bäume. Nach dem Trocknen sind die Knicke verschwunden.

Das Erste-Hilfe-Set

Für jeden Trip in die Wildnis ist ein passender und erprobter Erste-Hilfe-Kasten notwendig. Je nach Art und Umfang des Unternehmens wird die Zusammensetzung der Pflasterdose schwanken. Ich halte nichts von langen Checklisten, auf denen vom Schlangenbißset und chirurgischem Nahtmaterial bis zum Infusionsbesteck alles vermeintlich Wichtige zusammengestellt ist. Wenn es keine Schlangen in dem Gebiet gibt, und wenn man nicht in der Lage ist, eine Infusion zu legen oder eine Wunde zu nähen, kann man diese Dinge getrost zu Hause lassen.

Eine vernünftige Vorbereitung beginnt damit, daß man sich das notwendige Wissen um Erste Hilfe aneignet. Das ist am sinnvollsten bei einem Erste-Hilfe-Lehrgang möglich. Die für den Führerschein notwendigen Lehrgänge sind meistens nicht ausreichend, und für einen Wildniswanderer auch nicht geeignet, ganz abgesehen davon, daß diese Lehrgänge bei den meisten Menschen schon lange Zeit zurückliegen und größtenteils längst vergessen wurden. Ich habe eine Ausbildung zum Helfer im Sanitätsdienst bei der Bundeswehr erhalten. Dieser einwöchige Lehrgang ist praxisnah und gut als Vorbereitung geeignet. Dort lernt man, wie

Leicht- bis Schwerverletzte so stabilisiert werden können, daß sie noch nach drei Tagen einen Arzt lebend erreichen.

Tip!
Lassen Sie sich vor einer Tour vom Arzt und – noch wichtiger – vom Zahnarzt durchchecken. Gerade ein kleines Loch im Zahn kann sich schlagartig entzünden und solche Schmerzen verursachen, daß Sie die Tour beenden müssen.

Ein Erste-Hilfe-Set sollte in keinem Rucksack fehlen, aber auch die Zusammensetzung ist wichtig. Sie sollten bevorzugt Materialien und Medikamente auswählen, die bei kleineren Befindensstörungen helfen. Auf jeden Fall gehören eine feine Nagelschere (für eingerissene Fingernägel), eine spitze Pinzette (für Holzsplitter) und ein Einwegrasierer (um Haare zu entfernen, damit Pflaster besser halten) dazu. Reichlich Pflaster, Klammerpflaster, eine Nadel zum Blasen aufstechen, saubere Papiertaschentücher, Aspirin, Kohletabletten, Brandsalbe und Desinfektionsmittel dürfen nicht fehlen.

Tip!
Schauen Sie sich einmal Ihren Verbandkasten im Auto an. Ist er noch einsatzbereit oder sind die Pflaster schon nicht mehr zu gebrauchen? Dann sollten Sie ihn schleunigst austauschen.

Tip!
Machen Sie das Erste-Hilfe-Set zu Ihrer Hausapotheke, so verbrauchen Sie immer mal wieder ein Teil davon und ersetzen es. So sind die Medikamente und Pflaster immer frisch und einsatzbereit.

Drei leichtere Verletzungen kommen immer wieder vor, und so möchte ich hier die Lösungen zeigen. An den Fingern wird man sich immer wieder Schnitte oder Kratzer zuziehen, die möglichst schnell mit einem Pflaster abgedeckt werden müssen. In der Wildnis kommt man mit viel mehr Schmutz in Berührung als am heimischen Schreibtisch, daher sollte auch jeder noch so kleine Kratzer mit Wunddesinfektionsmittel behandelt werden. Jeder Kratzer kann sich leicht entzünden.

Damit das Pflaster an einem Finger richtig aufliegt, muß man es geschickt zurechtschneiden. Für einen Verband an der Fingerkuppe erhält das Pflaster jeweils zwei Einschnitte, für die Versorgung an einem Fingergelenk wird ein V-förmiges Stück in der Mitte herausgeschnitten. So kann man den Finger leichter bewegen. An einem Mittelstück wird das Pflaster immer spiralförmig um den Finger gelegt, dann schnürt es nicht das Blut ab. Beachten Sie, daß ein Pflaster mindestens einmal täglich gewechselt werden sollte.

Die Pflaster werden so geschickt zugeschnitten: rechts ein schmaler Streifen für normale Schnitte, in der Mitte ein Pflaster mit einem zusätzlichen Schnitt in der Mitte für Verletzungen an einem Fingergelenk. Ganz links ein Pflaster mit zwei Einschnitten, mit dem man eine Verletzung an der Fingerkuppe verbinden kann.

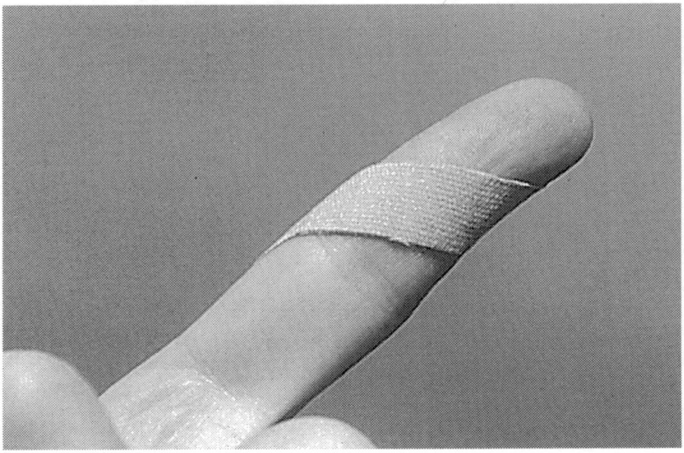

Ein Pflaster immer spiralförmig um den Finger legen, damit das Blut nicht abgeschnürt wird.

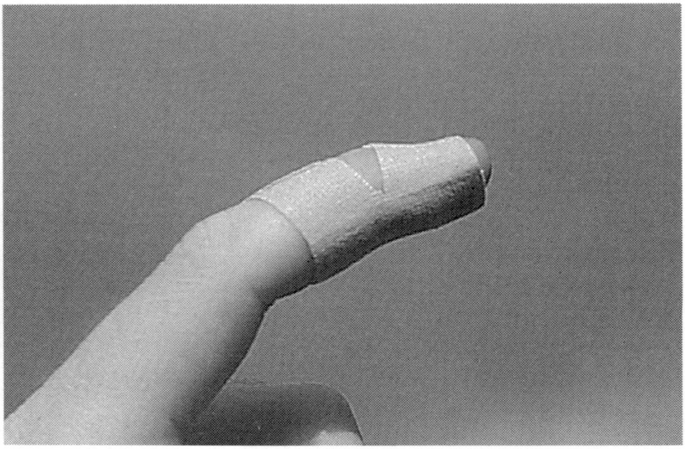

Verband am Fingergelenk

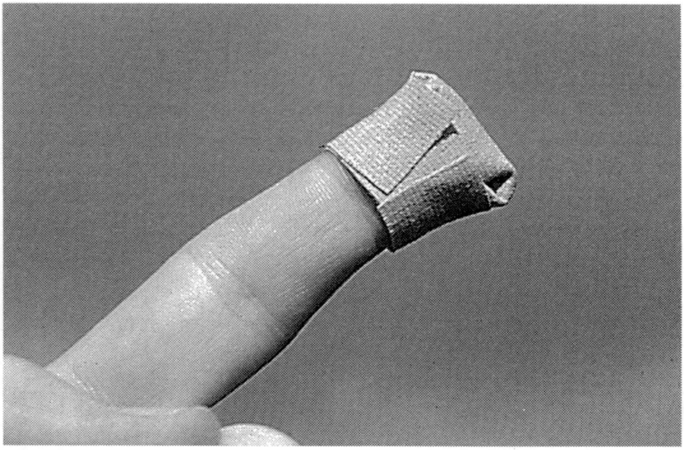

Verband an der Fingerkuppe.

Tip!
Bevor Sie ein Pflaster auf die Haut kleben, sollten Sie mit einem Einwegrasierer die Härchen abrasieren. Das Pflaster hält besser und läßt sich hinterher schmerzfrei abziehen.

Als Erste-Hilfe-Box eignen sich die im Trekkinghandel angebotene Dosen aus rostfreiem Edelstahl. Sie haben eine Gummidichtung und lassen sich somit wasserdicht verschließen. Mit einer Reißnadel kann die Dose dauerhaft beschriftet werden.

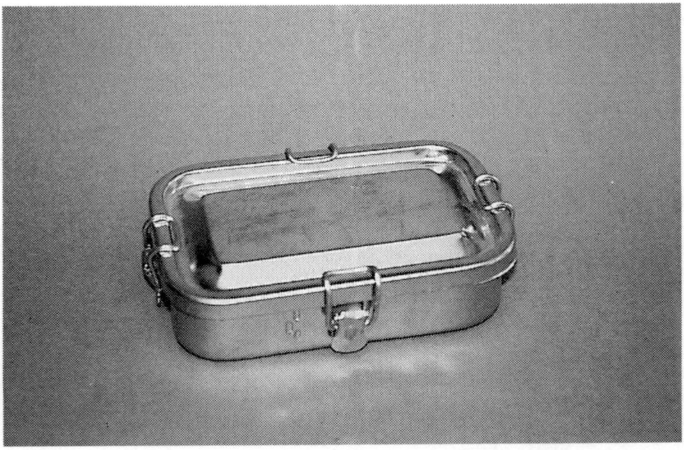

Eine praktische Dose für das Erste-Hilfe-Set aus rostfreiem Edelstahl mit Gummidichtung.

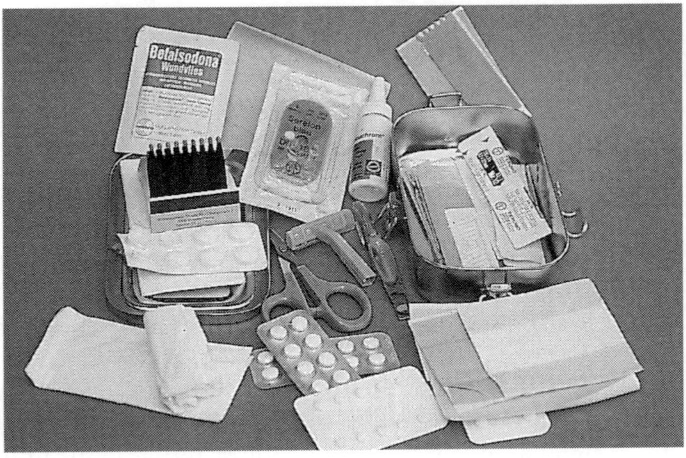

Inhalt der Erste-Hilfe-Box.

Nähzeug

Bei einem kürzeren Trip in Waldgebiete sollte man sich schon darauf einstellen, daß kleine Reparaturen an der Kleidung oder Ausrüstung anfallen. Um nicht ohne Werkzeug dazustehen, nehmen Sie eine Dose mit Nähzeug mit.

Zum Nähzeug gehören nicht nur Nadel und Faden. Wer mit Gummistiefeln unterwegs ist, wird einige Flicken und Gummilösung mitführen. Zur Reparatur von Lederkleidug und Ausrüstung benötigt man festes Garn, einen Klotz Bienenwachs, um den Faden leichter durch das Leder ziehen zu können, spezielle Nadeln dafür und eine Ahle zum Vorstechen der Löcher. Für dünnes Leder und Pelz benötigt man außerdem eine Nadel mit dreieckiger Spitze.

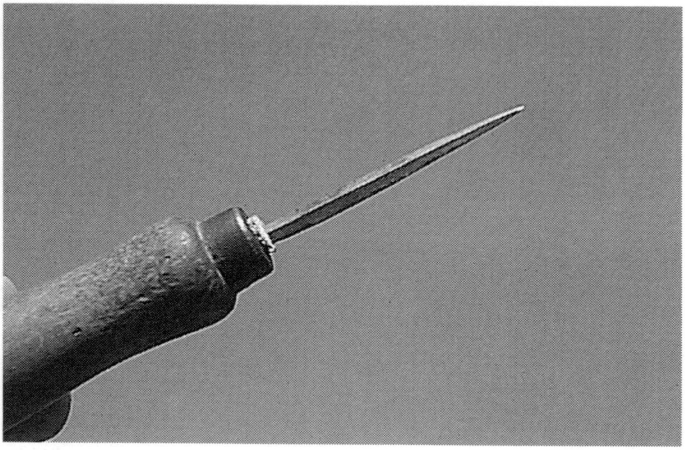

Zum Nähen von Leder benötigen Sie eine Ahle mit kantiger Spitze.

Für die normale Kleidung liegen einige Knöpfe dabei, des weiteren etwas Nähzwirn für deren Befestigung. Bei einem längeren Trip sollte man an die Strümpfe denken, die man mit Stopfgarn wieder herrichten kann.

Um die Ausrüstung zu reparieren, helfen einige Schnallen und fester Sattlerzwirn (mindestens halbe Streichholzstärke!). Für feste Verbindungen mit einfachen Mitteln sollten einige Rohhautstreifen nicht fehlen. Sie werden in Wasser eingeweicht und ziehen sich beim Trocknen zusammen. Die Schnüre wickelt man am besten um Nägel, damit sie sich nicht verheddern. Sehr einfach geht es, wenn man die Nagelspitze dazu in eine Bohrmaschine spannt. Sicherheitsnadeln und etwas Sandpapier (um Klebeflächen aufzurauhen) vervollständigen die Ausrüstung.

Zahnseide ist ein hervorragendes Mittel für Reparaturen. Die gewachste Seide – ein Faden aus vielen Einzelsträngen – ist dauerhaft und läßt sich durch die Wachsbeschichtung gut durch bockiges Material ziehen. Sicherheitsnadeln ins Portemonnaie oder innen in den Hut oder die Mütze gesteckt, lassen sich zu verschiedenen schnellen Reparaturen verwenden.

Tip!
Meist fällt dann an der Kleidung ein Knopf ab, wenn keine Zeit, ist, ihn lange zu suchen. Darauf bin ich vorbereitet: im Nähzeug habe ich eine Nadel mit grobem Zwirn vorbereitet. Der Faden ist in die Nadel eingefädelt und hängt an beiden Seiten ungefähr 20 cm heraus. Die Enden sind zusammengeknotet. So kann ich einfach einen Knopf an das Ende anschlaufen und mit wenigen Stichen – der dicke Faden hält ihn ja! – den Knopf befestigen.

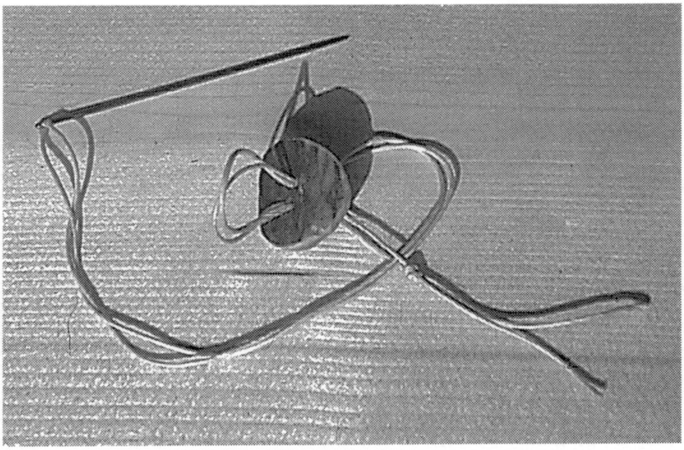

Wenn der Knopf so an die Nadel angeschlauft wird, kann man ihn schnell und einfach an die Kleidung nähen.

Der Inhalt eines praktischen Nähzeugs für den Wildniswanderer. Hiermit lassen sich auch Reparaturen an der Ausrüstung erledigen!

Schuhputzzeug

Auf keinen Fall sollten Sie Schuhputzzeug vergessen, auch wenn Sie mit Schuhpflege zu Hause nicht viel im Sinn haben. Dazu gehört eine harte Bürste, mit der Sie den Schmutz von den Stiefeln putzen. Weiterhin eine kleine Bürste zum Auftragen der Schuhpflege, sowie eine weichere Bürste zum Nachpolieren. Auf diese kann man notfalls verzichten. Vergessen sollten Sie auf keinen Fall Ersatz-Schnürsenkel!

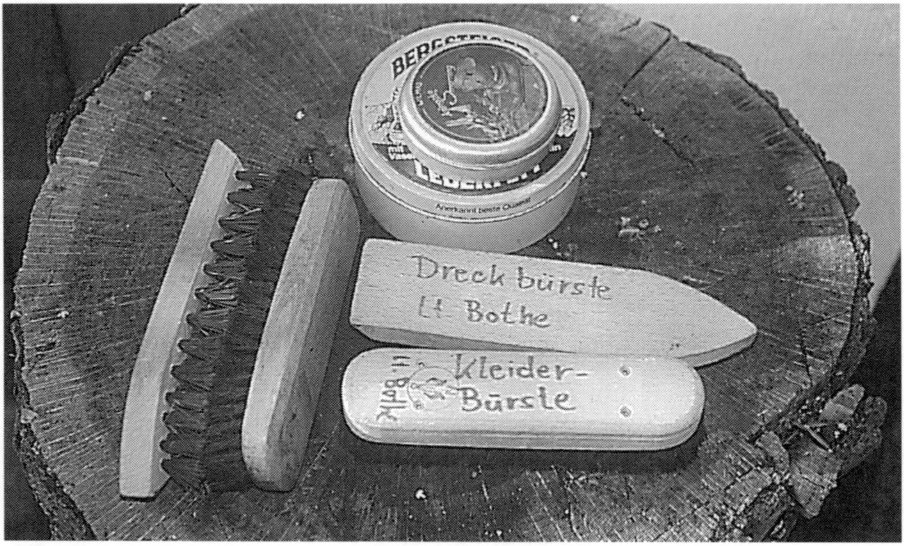

Einfaches Schuhputzzeug ist schnell zusammengestellt und auf einer langen Reise unentbehrlich.

Kleidung

Stiefel

Wichtigstes Kleidungsstück für einen Wanderer sind die Wanderstiefel. Hier einen Überblick über die zur Zeit angebotenen Stiefel zu geben ist-fast unmöglich und hat wenig Informationsgehalt. Wichtiger ist, wie diese Stiefel gepflegt werden.

Ein Bergstiefel muß hart sein, damit er dem ganzen Fuß Halt gewährt, wenn er auch nur mit der Spitze aufgesetzt wird. Einen Teil der Stabilität bekommt er von der Sohle, den anderen vom Oberleder. Daher ist es falsch zu versuchen, das Oberleder weich zu walken. Lederöle sind zwar gut aufzutragen, weichen aber das Leder auf und zerstören so den guten Schuh. Besser sind stark wachshaltige Spezialprodukte, die nur in den oberen Lederschichten eine elastische Schutzschicht aufbauen und die Festigkeit des Leders nicht beeinträchtigen.

Jeden Abend zieht man die Stiefel aus und läßt sie trocknen. Das ist bei Regenwetter nicht so einfach, weil bei hoher Luftfeuchtigkeit das Leder nur schlecht trocknet. Dann nehmen Sie die Stiefel am besten mit in den Schlafsack.

Tip!
Als Stiefelbeutel nutzen Sie zwei Stofftaschen, wie sie für den Einkauf im Supermarkt angeboten werden.

Tip!
Trocknen Sie niemals die Stiefel am Feuer. Sie werden zu heiß, und das Leder leidet oder der Kleber der Sohle löst sich.

Tip!
Schlaufen Sie die Stiefelbänder von oben in die Haken, dann lassen sich die Stiefel fester verschnüren.

So geschnürt – von oben in den Haken – halten die Schnürsenkel besser. Außerdem kann man am Spann locker und am Schaft fest schnüren.

Tip!
Nehmen Sie immer ein Paar offener Sandalen mit, damit nicht nur die Füße abtrocknen können, sondern auch die feuchten Wandersocken.

Wenn Sie feuchtes Wetter erwarten, macht es Sinn, sich auch Gummistiefel mitzunehmen. Dabei müssen Sie natürlich noch mehr darauf achten, daß Ihre Füße vom Schweiß nicht aufweichen.

Noch einen Tip, den mir ein Trapper mit auf den Weg gegeben hat:

Wenn Du glaubst, du kommst mit normalen Schuhen aus, zieh Gummistiefel an.

Wenn Du glaubst, Du kommst mit Gummistiefeln aus, zieh Watstiefel an.

Wenn Du glaubst, Du kommst mit Watstiefeln aus, zieh eine Wathose an.

Wenn Du glaubst, Du brauchst eine Wathose, geh nicht, sondern nimm Dein Kanu.

Egal, wie lang Deine Gummistiefel sind, sie sind immer zu kurz.

Oberbekleidung

Bei der Bekleidung gibt es verschiedene Philosophien: die einen tragen nur abgetragene Kleidung, weil es dann nicht so schlimm ist, wenn sie Flecke bekommt oder zerrissen wird, und außerdem reicht die Kleidung noch für den Wald. Die anderen kaufen extra Funktionsbekleidung, die im normalen Leben fast nicht zu tragen ist. So kostet das Hobby zwar mehr Geld, die gute Kleidung hat aber den Vorteil, daß sie optimal wärmt und schützt und außerdem noch Reserven hat, die bei abgelegter Kleidung nicht mehr vorhanden sind. Beispielsweise ist der Stoff bei neuen Sachen wesentlich strapazierfähiger als bei Kleidung, die schon dutzende Male gewaschen wurde, und an den Streßpunkten dünngescheuert ist.

Ein häufiger Streitpunkt ist die Wahl der Stoffe: natürliche oder künstliche. Ein natürlicher Stoff wie beispielsweise Baumwolle trägt sich angenehm auf der Haut, weil er Schweiß zum großen Teil aufsaugt. In feuchter Umgebung wird ein nasses T-Shirt aber nur sehr schlecht wieder trocken. Funktionsunterwäsche, aus Kunststoff-Fasern gefertigt, nimmt nur einen geringen Teil des Eigengewichtes an Wasser auf. Der Rest wird abgegeben. Solche Kleidungsstücke trocknen sehr schnell, so daß man sie wieder anziehen kann.

Besonders Faserpelz und Fleece sind für den Aufenthalt im Freien geeignet, denn sie wärmen hervorragend, sind leicht und strapazierfähig. Einmal naß geworden, trocknen sie schnell, und außerdem wärmen sie auch noch, wenn sie etwas feucht werden. Leider sind diese Stoffe oft nicht winddicht, so daß eine winddichte Schicht zusätzlich getragen werden muß, um die Wärme des Körpers zu behalten. Dazu reicht eine dünne Regenjacke.

Das Kapitel „Bekleidung" kann nur angerissen werden. Moderne Textilien wie Gore-Tex und ähnliche Klima-Membranen wechseln sich auf dem Markt fast zu jeder Saison ab. Einige neue kommen hinzu, andere verschwinden. Wer sich teure Funktionsbekleidung kaufen möchte, findet in einschlägigen Fachgeschäften und in Katalogen der Versandhäuser genug Produktinformationen.

Socken

Bei einem Kleidungsstück sollte man nicht sparen, und auch nicht auf Abgelegtes zurückgreifen: bei den Socken. Hier bietet der Fachhandel genug Modelle an, die den Fuß an den wichtigen Stellen polstern und den Schweiß und die Feuchtigkeit ableiten oder aufsaugen. Wenn die Haut aufweicht – ganz gleich ob vom Fußschweiß oder von eingedrungener Feuchtigkeit – dann ist die Gefahr groß, daß sich Blasen und Scheuerstellen bilden. Vernünftige Socken vermindern dieses Risiko erheblich.

Ein zweites Paar im Rucksack ist ein absolutes Muß, damit man schnell wechseln kann, wenn die Socken durchgeschwitzt sind oder vom Wasser im Stiefel naß wurden. Das abgelegte Paar trocknet außen auf dem Rucksack schnell.

Kopfbedeckung

Der vollständig bekleidete Mensch verliert bis zu 80 % seiner abgegebenen Körperwärme über den Kopf. Somit ist eine Kopfbedeckung wichtig, um nicht auszukühlen. Zusätzlich schützen Hut oder Mütze – mit einem ausreichend großen Schirm – vor grellem Sonnenlicht. Ohne Hut sollte man sommers wie winters nicht ins Freie gehen. Im Winter ist auch eine Pelzmütze vorteilhaft. Werden die Klappen geschickt hinter den Ohren zusammengeknotet, bleiben die Ohren warm und die Gehörgänge frei, so daß man noch kleinste Geräusche wahrnehmen kann. Das ist besonders auf der Jagd wichtig. Als Fell für Pelzmützen hat sich Bisam ausgezeichnet bewährt. Das recht kurze, aber außerordentlich dichte Fell ist sehr strapazierfähig, hält warm und weist Schneeflocken ab.

Feuer

Feuer machen – Grundsätzliches vorweg

Es ist immer wieder schön mit anzusehen, wie Stadtkinder versuchen, einen Kamin zu entfachen. Seit einigen Hunderttausend Jahren beherrscht der Mensch das Feuer. Dieser Teil des Wissens der Menschheit scheint aber in den vergangenen zwanzig oder dreißig Jahren verlorengegangen zu sein. Auf jeden Fall läuft die Prozedur immer gleich ab: Zuerst werden reichlich armdicke Holzscheite geholt, aufgestapelt und die Hohlräume mit einer „Frankfurter Allgemeinen“ aufgefüllt. Dann wird mit einem Einwegfeuerzeug versucht, die Zeitung zu entfachen. Nach drei bis fünf Minuten ist der Raum von Qualm erfüllt, das Papier verbrannt und die Holzscheite sind akkurat geschwärzt. Brennen oder glimmen tut nichts mehr.

Drei Stoffe, die zum Anzünden eines Feuers notwendig sind: Birkenrinde als Feuerstarter (links), streichholzstarkes Holz (Mitte) und daumendickes Holz, vorzugsweise ein oder zweimal gespalten (rechts).

Richtig macht man es folgendermaßen: mit einem brennenden Stück Holz läßt sich immer nur ein Stück anzünden, das höchstens doppelt bis dreimal so dick ist wie dasjenige, welches schon brennt. Mit dem Streichholz entzündet man Gras, Birkenrinde oder streichholzstarke Nadelholzzweige. Mit diesem brennenden Material kann man dann die nächste Lage, bleistiftdickes, am besten gespaltenes Holz anzünden. Dieses wiederum ist geeignet, daumendickes Holz zu entfachen. Und wenn das in ausreichender Zahl und kräftig brennt, vorteilhafterweise auch schon mit etwas Glut, darf man die ersten armdicken Scheite nachlegen.

Zum Kochen ist das daumendicke Holz am besten geeignet, weil man damit die Temperatur gut regulieren kann. Außerdem brennen sechs bis acht Scheite in dieser Stärke auf einem kleineren Fleck, die Hitze wird also konzentriert auf einen Bereich – den Topfboden – abgegeben. Bei zuviel Hitze drumherum verbrennt man sich beim Umrühren nur die Hände.

Als Brennmaterial ist alles trockene Holz geeignet, das man in den Wäldern findet. Richtig trocken ist es, wenn beim Durchbrechen eines Asts aus der Mitte noch ein Teil wegspringt.

Sollte nach tagelangem Regen auf dem Waldboden nichts zu finden sein, was trocken ist, suchen Sie doch einmal oben in den Bäumen. Dort finden sich immer trockene, abgestorbene Äste, die hervorragend brennen, auch nach stärkstem Regen relativ trocken sind, und die Sie nur abzupflücken brauchen. In Fichtenschonungen finden Sie unten an den Bäumen schon abgestorbene Zweige, die ideal geeignet sind.

Brennholz wird auf einen Stein oder einen Baumstamm geschlagen: das überhängende Stück bricht ab. Achten Sie darauf, daß immer das kürzere Teil überhängt, ansonsten erhalten Sie einen kräftigen Schlag in die Hand.

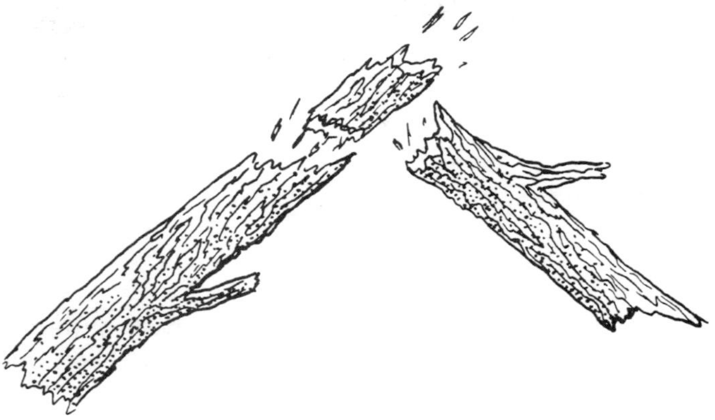

Wenn das Holz richtig trocken ist, springt beim Durchbrechen ein Stück aus der Mitte weg.

Sie sollten immer in der Lage sein, ein Feuer anzuzünden. Aber denken Sie daran: je dringender man ein Feuer braucht, um sich zu wärmen, desto schlechter sind die Bedingungen, es anzuzünden. Wenn es stürmt, regnet oder schneit und die Finger klamm und gefühllos sind, ist es eine Kunst, ein Feuer mit einem Streichholz zum Brennen zu bringen. Für solche Situationen sollten Sie sich etwas Feuerstarter – beispielsweise mit Wachs getränkte Wellpapp-Stückchen – zusammen mit den Streichhölzern aufbewahren.

Es gibt viele Möglichkeiten, ein Feuer anzuzünden: Magnesium-Feurstarter, Streichhölzer und Streichholzdosen, Feuerstein und Stahl.

Auf Hütten ist es ungeschriebenes Gesetz, vor dem Abmarsch das Feuer zu löschen und ein neues Feuer im Ofen vorzubereiten. Die Feuerstelle ist so weit hergerichtet, daß der nächste Wanderer nur noch ein Streichholz braucht, und in wenigen Minuten das Feuer richtig brennt.

Feuerstein und Stahl

Die meisten Leute wissen nicht, daß es etwas anderes zum Feuermachen gibt als Einwegfeuerzeuge, wie sie an Tankstellen und in Kiosken angeboten werden. Dabei sind Feuerzeuge noch nicht lange auf dem Markt. Ähnlich sieht es mit Streichhölzern aus, die erst um 1820 erfunden wurden. Jahrhundertelang hatte man vorher das Feuer mit Stahl und Stein geschlagen.

Bei dieser Art zu zündeln benötigt man einen Feuerschläger, der von verschiedenen Trapperausrüstern angeboten wird. Dabei handelt es sich um eine U- oder O-förmig umgeschmiedete Feile. Dieser Stahl ist das Wichtige, denn die Funken kommen nicht – wie man vielleicht durch den Namen Feuerstein vermuten würden – vom Stein. Vielmehr ist es der Stahl, der die Funken erzeugt. Schlägt man mit ihm auf eine scharfe Kante, die härter ist, werden aus dem Stahl kleine Partikel herausgerissen. Durch die Krafteinwirkung erhitzen sie sich, verglühen aber sehr schnell zusammen mit dem Luftsauerstoff.

Feuerschläger, zugerichtete Feuersteine, Zunder aus verkohlter Baumwolle und Schwefelfäden – damit läßt sich ein Feuer entzünden!

Feuersteine kann man selbst sammeln, sie kommen fast überall vor. Meist handelt es sich um Knollen mit einer weißen Außenhaut. Wenn sie in der Mitte dunkel gefärbt sind und die Bruchstellen aussehen wie zerbrochenes Glas, hat der Stein die richtigen Härte. Die größeren werden mit anderen Steinen oder einem Hammer so lange zerschlagen, bis man passende Stücken von der Größe eines Fünfmarkstückes hat. Wichtig ist die Kante des Steins. Diese muß scharf sein, denn nur wenn zwei möglichst kleine Stücke beim Schlag aufeinandertreffen, reicht die Kraft aus, um ein kleines Stück Stahl herauszuschlagen und verglühen zu lassen. Man hält den Stein mit der linken Hand, besser zeigt das aber ein Bild.

Schlägt man mit dem Feuerschläger abwärts an der Kante des Steins vorbei, gleitet der Feuerschläger weiter nach unten, und der Stein reißt einige Teilchen aus dem Stahl; es sprühen Funken.

Mit den Funken allein ist es aber noch nicht getan, man muß diese mit einem geeigneten Stück Zunder auffangen, damit die Funken den Zunder zum Glimmen bringen. Beim Feuerschlagen wird Ihnen auffallen, daß die meisten Funken nach unten weggeschleudert werden. Wie kann man nun diese Funken auffangen? Überhaupt nicht, denn Sie können keinen Zunder unter den Stein legen, weil Sie beim Schlagen mit dem Eisen auf den Zunder kommen würden.

Wenn Sie die Funken genau beobachten, werden Sie feststellen, daß einige der Funken nicht nach unten fliegen, sondern in langsamem Bogen nach oben direkt auf den Stein. Das sind die Funken, die Sie nutzen müssen.

Um diese nach oben auf den Stein fliegenden Funken zu erwischen, müssen Sie den Zunder ganz flach auf den Stein direkt an den Rand legen. Wenn Sie nun mit dem Schläger an der Kante entlangschlagen, und ein Funke fliegt rückwärts nach oben, trifft er auf den Zunder, und dieser beginnt zu glimmen. Durch vorsichtiges Blasen vergrößern Sie die Glut, und dann muß der kleine Fetzen Zunder auf den nächsten Zunder gelegt werden, so daß ein immer größeres Glutnest entsteht.

Mit dem Zunder alleine ist es noch nicht getan, denn er glimmt nur. Man kann den Zunder ohne weiteres direkt in das Feuernest legen und durch Blasen die Glut immer weiter vermehren, bis schließlich eine kleine Flamme züngelt. Früher wurde die Glut des Zunders mit einem Schwefelfaden oder einem Schwefelhölzchen abgenommen. Diese präparierten Fäden oder Hölzer können mit der Glut entzündet werden, so daß eine bläuliche Flamme vom Schwefel entsteht. Nachteilig dabei ist der beißende Gestank verbrenenden Schwefels.

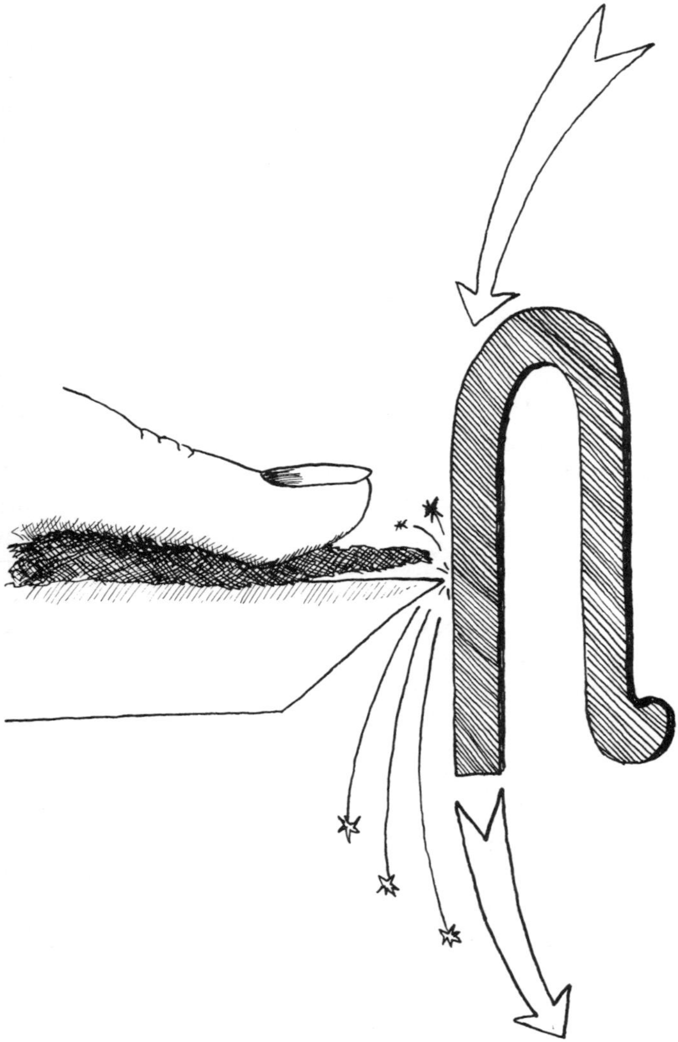

Funkenflug beim Schlag mit dem Feuerstahl: die meisten Funken fliegen nach unten weg, aber einige wenige nach oben auf den Zunder. Nur diese sind heiß genug, um den Zunder zum Glimmen zu bringen.

Wenn Sie keinen Zunderschwamm und/oder verkohlte Baumwolle haben, dann ist die Wahrscheinlichkeit gering, daß Sie ein Feuer ohne Streichhölzer oder ähnliche Hilfsmittel anzünden können.

Das vorbereitete Feuernest, in welches später der glühende Zunder gelegt wird.

Wenn das Feuernest bereit liegt, wird der Zunder auf den Stein gelegt und mit dem Stahl werden Funken gerissen, bis der Zunder glüht.

Durch vorsichtiges Blasen entfacht man die Glut zu einer Flamme. Hilfreich sind dabei Schwefelfäden, es geht aber auch ohne.

Streichhölzer

Wie schon angesprochen, sind Streichhölzer erst seit etwa 1820 in Gebrauch. Streichhölzer kann man nie genug bei sich führen, aber am besten in einer Streichholzdose wasserdicht verpackt und immer einsatzbereit. Zur Not tut es auch eine Filmdose. Denken Sie daran, eine Reibfläche mit hineinzulegen. Streichhölzer haben gegenüber Feuerzeugen den Vorteil, daß man ihnen ansieht, ob sie funktionieren oder nicht, und daß man nachzählen kann, wie viele man hat.

Verschiedene Streichhölzer und eine Streichholzdose: rechts wasserfeste Streichhölzer, in der Mitte Überallzünder, links Sturmstreichhölzer.

Bei Streichhölzern gibt es verschiedene Ausführungen. In Deutschland gebräuchlich sind Sicherheitszünder (patentiert in Schweden 1852), die den zur Zündung notwendigen Phosphor nicht im Kopf der Zündmasse, sondern in der Reibfläche haben. Deshalb lassen sich diese Hölzer nur an der Reibfläche anzünden. Die anderen – besonders in Amerika – üblichen „Überallzünder" kann man an jeder rauhen Fläche anstreichen. Nur – wo findet man im Regen eine trockene Fläche? Außerdem sind Überallzünder relativ gefährlich. In Amerika gibt es jährlich etliche schwere und sogar tödliche Unfälle, weil sich die Streichhölzer in der Manteltasche selbst entzündet haben. Sie glauben das nicht? Dann schlagen Sie mit einem Hammer auf einen solchen Streichholzkopf – er explodiert und knallt wie ein Kleinkaliberschuß!

Eine andere und sehr nützliche Sorte Streichhölzer sind die sogenannten Sturmstreichhölzer. Sie sind auf 2/3 der Länge mit einer Zündmasse beschichtet, die – einmal angezündet – nicht auszublasen ist.

Sturmstreichhölzer brennen nur durch die reichlich aufgetragene Zündmasse.

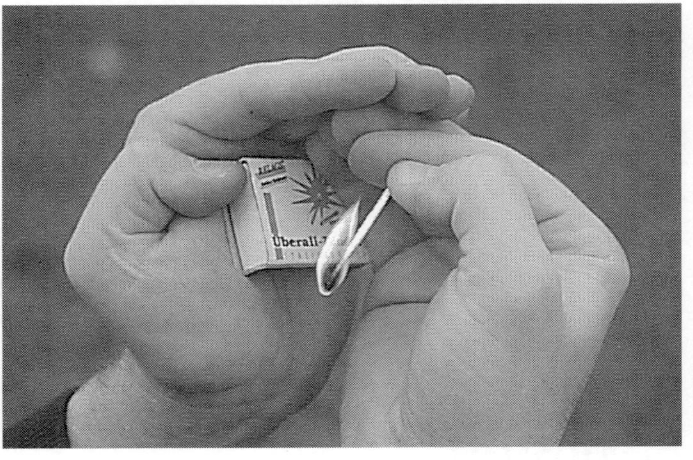

Bei windigem Wetter wird das Streichholz mit beiden Händen abgeschirmt, damit es nicht ausgeblasen wird.

Von wasserfesten Streichhölzern rate ich dringend ab, denn die Köpfe sind mit einer Wachsschicht imprägniert, um vor Nässe zu schützen. Gleichzeitig wirkt diese Schicht aber wie ein Schmiermittel. Die Streichhölzer gleiten ganz leicht über die Reibfläche, dabei zünden sie aber nicht oder nur schlecht. Und was wollen Sie mit Streichhölzern, die zwar trocken bleiben, sich aber nicht mehr anzünden lassen?

Bei der Benutzung von Streichhölzern sollten Sie daran denken, daß der Kopf mit der Zündmasse wesentlich heißer brennt als die Flamme des Holzes selbst. In einigen Fällen ist es sinnvoll, den Kopf mit der Zündmasse direkt auf das anzuzündende Material zu legen und mit der Reibfläche an dem Kopf vorbeizustreichen. Ich denke dabei an Zündschnüre für Sprengladungen oder Wunderkerzen.

Feuerzeuge

Ich bin nie ein Freund von Feuerzeugen gewesen. Inzwischen habe ich verschiedenste Modelle ausprobiert. Von einfachen Einweg-Feuerzeugen über Zippos oder Sturmfeuerzeugen war alles dabei.

Einwegfeuerzeuge haben den Nachteil, daß man sie schlecht in der Hosentasche tragen kann. Besonders bei engen Hosentaschen kommt es vor, daß der Gashebel eingedrückt wird und das Gas ungenutzt entströmt. Gerade als Nichtraucher merkt man nicht, wie das Feuerzeug langsam leer wird, weil man es nur selten zur Hand nimmt.

Zippos oder andere mit flüssigem Brennstoff betriebene Feuerzeuge sind noch schlechter zu überprüfen. Man sieht ihnen nicht an, wie voll sie sind. Außerdem verdunstet der Sprit in der warmen Hosentasche schneller.

Ich würde mich niemals darauf einlassen, für ein Benzinfeuerzeug bei einer Wanderung auch noch Ersatzbenzin mitzuschleppen. Streichhölzer funktionieren immer, und Benzin kann im Rucksack auslaufen und die Kleidung verschmutzen.

Brennstoff

Das Praktischste beim Holz ist, daß man es nicht mitnehmen muß. Man findet es im Wald, im Gegensatz zu Gaskartuschen oder Benzinkanistern. Bei der Frage nach dem geeigneten Brennstoff gibt es Verschiedenes zu beachten. Wer in der Wüste oder über der Baumgrenze wandert, kommt mit einem holzgefeuerten Ofen nicht weit. In großen Höhen oder bei niedrigen Temperaturen funktioniert mancher Gaskocher nicht. Spiritus, Benzin und Petroleum haben als Brennstoff zwar den gleichen flüssigen Zustand, aber deutlich unterschiedliche Energiegehalte.

Ich habe mich immer auf einen kleinen Gaskocher verlassen, der zudem den Vorteil hat, daß man auch eine angefangene Gaskartusche abschrauben kann, ohne das Gas zu verlieren, wie das bei anderen Einwegkartuschen geschieht. Der Vorteil ist, daß dieser Kocher sofort einsatzbereit ist: kein Vorheizen, kein Holz sammeln, einfach Gas aufdrehen und Streichholz dranhalten!

Ein einfacher Gaskocher ist immer noch eine gute Lösung.

Die Kocher mit den darunter angebrachten Einweg-Gaskartuschen sind fürchterlich wackelig. Wenn darauf zwei Liter kochendes Wasser kippeln, kommt es schnell zu einem Unfall.

Bei längerem Aufenthalt ist mir ein richtiges Feuer immer noch am liebsten. Der Brennstoff kostet nichts, hinterläßt keinen Abfall, man muß ihn nicht mitnehmen, er ist lediglich nicht ganz so handhabungsfreundlich wie ein Kocher.

ESBIT-Tabletten (Abkürzung für: Erich Schumms Brennstoff in Tablettenform) habe ich zur Genüge bei der Bundeswehr verbrannt. Schon vom Geruch wird einem so übel, daß man die langsam warmgewordene Suppe nicht mehr essen mag. Als Feuerstarter sind die weißen Klötze aber gut geeignet.

Eine Anekdote zum Thema Holz möchte ich noch einflechten: Bei einem Jagdausflug in Neuseeland waren wir zu dritt unterwegs und nach sechs Stunden Fußmarsch in einer Wellblechhütte angekommen. Wie es sich gehört, lagen im Kamin Holzscheite, auf dem Kamin eine Schachtel

Streichhölzer und ein ausreichender Vorrat Holz in der Hütte und unter dem Vordach. Leider war das Holz von unseren Vorgängern vom feuchten Waldboden aufgesammelt worden. Das Moos auf den Stämmen war noch frisch und grün, und die Scheite dick wie ein Oberschenkel und nicht einmal gespalten. Mit anderen Worten: unbrauchbar. Draußen hatte es aber einige Tage geregnet, und ohne Feuer in der Hütte wäre die Nacht zur Qual geworden. Also versuchten meine Mitjäger das Holz am Feuer zu trocknen, was aber nicht gelang, weil selbst das Feuer nicht brennen wollte. Ich ging mit der Axt bewaffnet in den Wald, um trockenes Holz zu besorgen.

Dabei ist es aufschlußreich, mit der Axt auf das Holz zu schlagen. Bei einem satten, dumpfen Ton kann man davon ausgehen, daß es auch innen feucht ist. Die Stämme im Wald klangen nicht nur dumpf, sondern bei jedem Schlag probehalber spritzte das Wasser unter dem Nacken der Axt hervor. Im Wald war nichts Trockenes zu finden. Ich ließ den Blick über das breite Flußbett streifen, in dessen Mitte sich der Fluß zu einem schmalen Rinnsaal zusammengezogen hatte. Mehrere hundert Meter breit war der Boden von Steinen bedeckt, die das Wasser in Jahrtausenden rund geschliffen hatte. Und mitten auf dem Geröll lag ein abgestorbener Baum, der seine trockenen, sonnengebleichten Äste in die Gegend reckte. Ich erkannte: Das ist die Lösung! Schnell eilte ich zu dem Stamm, und schon der erste Schlag mit der Axt hallte hell und klingelnd von den feuchten Waldhängen zurück.

Der Stamm war völlig trocken, weil Wind und Sonne ihn einerseits ausgetrocknet hatten, und außerdem den Regen schnell wieder verdunsten ließen. Trockenes Holz kann auch dort liegen – beispielsweise in einem Flußbett – wo man es nicht vermutet. Der Klopftest schafft aber Gewißheit, ob es lohnt, dieses Holz zum Lagerfeuer zu schleppen. Es lohnte sich!

Hilfsmittel zum Feuer machen

Zum Feuer anmachen gibt es eine zahlreiche Hilfsmittel, aber wie bei dem Brennstoff haben fast alle käuflichen Dinge den Nachteil, daß man sie mitschleppen muß. Im Normalfall und bei schönem Wetter benötigt man außer etwas Birkenrinde oder trockenem Gras nicht viel. Wenn es aber regnet und wenn es schnell gehen muß, ist man doch für einen kleinen Feuerstarter dankbar. Das heißt natürlich, daß man nicht für jeden Tag einen solchen mitschleppen muß. Einige wenige als Notreserve reichen aus.

In Wachs getränkte Wellpappe ist ein guter und billiger Feuerstarter.

Praktisch sind Wellpappstreifen, die in flüssiges Wachs getaucht werden. Auch Ölofenanzünder sind gut geeignet. Auf jeden Fall sollte man versuchen, sich mit kleinen Stücken zu begnügen und sich nicht an den Feuerstartern wärmen.

Wachsgetränkte Pappen haben einen Vorteil: Sie werden nicht feucht bzw. sie brennen trotzdem. Benzin, Petroleum und ähnliches sind zwar auch geeignet, in der Handhabung aber ungleich schwerer. Denken Sie daran, den Feuerstarter immer auf ein größeres Stück Holz zu legen, damit er nicht im Waldboden versickert oder in der Feuchtigkeit verlöscht.

Magnesium-Feuerstarter

Seit Jahren trage ich einen Feuerstarter aus Magnesium an der Halskette der Erkennungsmarke. Für alle Fälle. Wirklich gebraucht habe ich ihn noch nie, es sei denn, um zu demonstrieren, wie er funktioniert. Das Prinzip ist einfach: Von dem Magnesiumblock werden mit der Messerschneide Späne abgeschabt. Dabei ist wichtig, daß die Klinge genau im rechten Winkel zum Block ansetzt. Dann lassen sich einfach kleine Löckchen abschaben. Schnitzen wie bei einem Stück Holz ist nicht sehr effektiv. Je mehr Späne man zusammenbekommt, desto besser. Leider sind die leichten Späne sehr windanfällig, und eine sanfte Böe macht die ganze Arbeit zunichte.

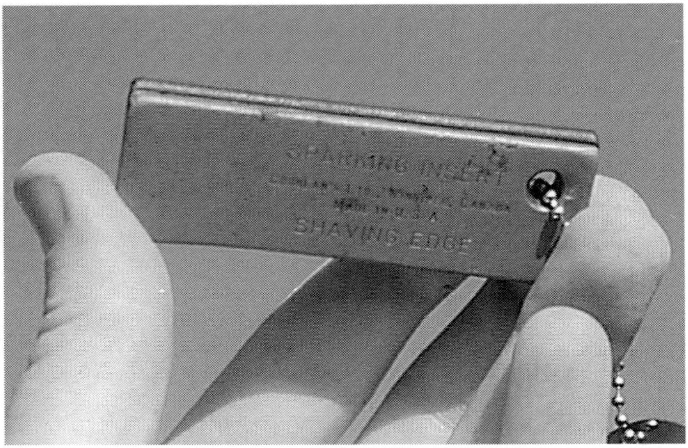

Der Magnesium-Feuerstarter.

Über das kleine Häufchen (halber Teelöffel) hält man den Feuerstarter etwa einen Zentimeter entfernt und streicht mit der Messerschneide über den Feuerstahl. Das Magnesium sollte von dem Funkenregen Feuer fangen. Magnesium brennt jenseits der 2000 °C, und läßt sich selbst mit Wasser nicht löschen. Deswegen funktioniert dieser Feuerstarter auch bei Regen. Einen Nachteil hat dieses Hilfsmittel: es ist schwierig, das Feuer schnell genug unter das Feuernest zu schieben, um den Rest anzuzünden. Da hilft nur, die Späne in einer länglichen Form anzuordnen und an einem Ende zu entzünden, damit das Magnesium länger brennt.

Ewiges Streichholz

Das ewige Streichholz ist eine recht alte Erfindung und wurde früher in verschiedenen Größen hergestellt. Es besteht aus einem Metallrohr, in dem ein Stahlstück zum Anreißen der Funken und ein Docht eingebaut sind. Das Streichholz steckt normalerweise in einem Tank mit Watte und

Benzin, wodurch der Docht immer mit Benzin getränkt wird. Zum Gebrauch wird das Streichholz aus dem Tank gezogen und mit dem Stahlstück über einen Feuerstein geführt. Die dabei entstehenden Funken entzünden den benzingetränkten Docht. Für denjenigen, der ohnehin Benzin als Brennstoff für den Kocher mitführt, ist das Ewige Streichholz eine gute Alternative sowohl zu richtigen Streichhölzern als auch zu Benzinfeuerzeugen.

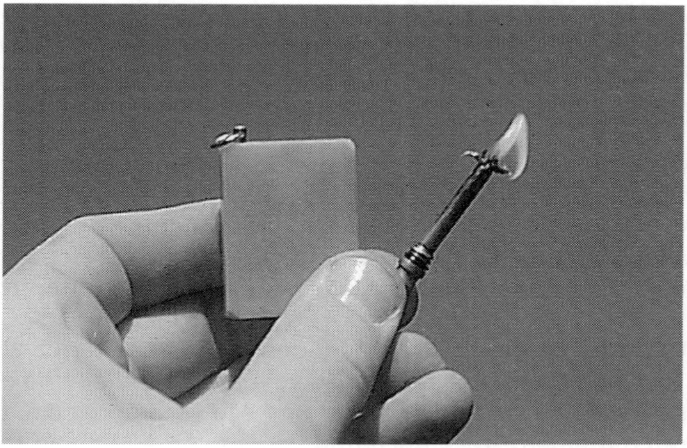

Das Ewige Streichholz.

Verschiedene Feuerarten

Die Wahl des richtigen Feuers hat entscheidenden Einfluß auf die Wirkung und den Brennstoffverbrauch. Ein Kochfeuer darf nicht zu groß sein, sonst geht ein Großteil der Hitze am Topfboden vorbei. Nicht nur das: Sie verbrennen sich die Finger beim Umrühren, und obendrein fällt aufsteigende Asche und Ruß in den Topf. Ein Wärmefeuer kann nicht groß genug sein, um auch richtig Wärme zu spenden, leider wächst damit der Holzbedarf. Was nützt ein Feuer, das für zwei Stunden unerträglich heiß ist und einen dann dadurch wieder warm macht, daß man Unmengen Brennmaterial sammeln muß?

Ich bevorzuge für ein einfaches Lagerfeuer folgenden Aufbau: Als seitliche Begrenzung, die später mit verheizt wird, dienen zwei oberarmdicke Scheite, etwa 30 cm lang. Diese liegen parallel etwa handbreit auseinander. Darüber legt man kreuz und quer reichlich bleistiftdickes, möglichst gespaltenes Holz. Daumendickes Holz sollte als oberste Schicht auf dem Stapel liegen.

Achten Sie darauf, wohin das Holz fällt, wenn es in der Mitte durchgebrannt ist. Es sollte in die Mitte fallen und darf daher nicht so weit an den Enden überstehen, sonst bekommt es Übergewicht nach außen. Unter dem Stapel zwischen den beiden dicken Scheiten ist Platz für das Feuernest aus Zunder, trockenem Gras und streichholzstarken Ästen. So vorbereitet reicht ein Streichholz, um das Feuer zu entzünden. Zuerst wird das Feuernest brennen, dann die bleistiftdicken Stäbe. Diese geben genug heiße Flammen ab, daß auch die daumendicken Scheite entzündet werden.

Nach einigen Minuten sind die Scheite durchgebrannt und in die Mitte zwischen die dicken Scheite gefallen. Dann hat sich auch schon ein leichtes Glutnest gebildet. Darauf legen Sie einige daumendicke Scheite parallel zwischen die dicken Scheite. Wenn auch diese richtig brennen, kann man die ersten armdicken Stücke quer auf die unteren Scheite legen.

Wichtig bei dieser Art des Feuers ist, immer dafür zu sorgen, daß die Scheite locker gestapelt sind: zwei unten parallel, und ein oder zwei oben quer darüber. Sollte einer der unteren verbrannt sein, hält man den oberen mit einem Stock hoch und schiebt von außen ein frisches Scheit nach. Die Reste des ersten Scheites werden in die Mitte geschoben, wo sie mit verbrennen.

Durch diese sorgfältig aufgeschichtete Anordnung verbrennt das Holz wesentlich besser, weil zwei glühende Scheite unten und ein dritter und vierter darüber sich gegenseitig durch die Strahlungshitze aufheizen.

Für ein einfaches Kochfeuer wird zuerst die Grasnarbe bis auf den blanken Boden entfernt und die Feuerstelle mit Steinen eingefaßt.

Zwei dicke Scheite werden parallel gelegt und dazwischen reichlich streichholzstarkes Reisig.

Unter das Reisigbündel schiebt man das brennende Feuernest aus Birkenrinde zum anzünden.

Hat das Reisig Feuer gefangen, legt man quer über die dicken Scheite bleistiftdickes Holz.

Hat sich schon etwas Glut gebildet, kann über die dicken Scheite abwechselnd anderes Holz gestapelt werden. Dieses Feuer eignet sich zum Kochen und um ein Glutbett zu erzeugen.

Als **Kochfeuer** reicht ein Feuer aus daumendicken Hölzern völlig aus. Um einen Dutch-oven zum Kochen zu bringen, reichen beispielsweise fünf Grill-Briketts. Das oben beschriebenen Feuer aus vier armdicken Scheiten reicht für einen Topf mit 20 Litern Wasser.

Die klassische Form des Lagerfeuers ist das **Sternfeuer**. Es brennt aus der Mitte der speichenförmig angeordneten Scheite, die von außen nachgeschoben werden. Meist bleibt es aber nicht bei dieser strengen Form, denn so toll brennt es nicht bei sechs aneinanderstoßenden Scheiten. Also müssen einige immer auf den anderen zu liegen kommen.

An einem schönen Sternfeuer kann man abends sitzen und Geschichten erzählen. Es ist das Lagerfeuer schlechthin.

Ein **Wärmefeuer** erfüllt völlig andere Aufgaben als beispielsweise ein Kochfeuer. Während ein Kochfeuer die Hitze an den Topf über den Flammen abgeben muß, soll ein Wärmefeuer den Trapper neben dem Feuer wärmen. Da heiße Luft nach oben steigt, verbrennt ein Großteil der Energie ungenutzt. Die Strahlungswärme des Feuers sorgt dafür, daß der Wanderer neben dem Feuer – wie vom Kamin her bekannt – vorne gegrillt wird und hinten friert. Man kann den Wirkungsgrad verbessern, indem man hinter dem Feuer einen Reflektor aufbaut und hinter dem Trapper ebenfalls. Ideal ist auch das nicht, weil der Wind die warme Luft wegbläst.

Um sich an einem Feuer effektiv zu wärmen, muß man es in einer Hütte oder einem Zelt in einen Ofen einsperren. Der altbekannte Yukon-Ofen steht auf vier Beinen und die Abgase werden mit Hilfe eines langen (wichtig!) Ofenrohres einmal durch den Raum und dann erst nach draußen geleitet. So strahlt er die Wärme effektiv ab und das Zelt oder die Hütte hält die Wärme zumindest vom Wind fern. Mit der gleichen Holzmenge kann man einen Ofen zehnmal so lange heizen, verglichen mit einem offenen Wärmefeuer.

Zunder

Zunder sind Stoffe, die schnell einen Funken einfangen und dabei zu glimmen anfangen. Auch wenn die Redensart meint, etwas „brennt wie Zunder", wird aus Zunder niemals eine Flamme herausschlagen, dazu brauchen Sie zusätzlich einen Feuerstarter. Der Zunder wird in das vorbereitete Feuernest gelegt und mit vorsichtigem Pusten versuchen Sie, die Glut auf den Feuerstarter zu übertragen. Den glühenden Feuerstarter können Sie durch weiteres vorsichtiges Blasen so weit bringen, daß kleine Flammen entstehen.

Tip!
Damit der Qualm aus dem Feuernest nicht ins Gesicht zieht, hält man das Feuernest in die Höhe, und legt den Kopf in den Nacken. Der Rauch zieht dann nach oben – weg vom Gesicht.

Als Zunder können Sie verkohlte Baumwolle verwenden, weiterhin Zunderschwämme, von denen es eine echte und eine falsche Sorte gibt. Der echte Zunderschwamm (*Fomes fomentarius*) ist so begehrt, weil er zwischen der harten Außenschale und den langen Lamellen eine Schicht filzartiges Gewebe besitzt, das die Funken fast so gut fängt wie verkohlte Baumwolle. Allerdings muß man nachhelfen. Die alten Trapper haben Schwarzpulver in Wasser aufgelöst, um den Salpeter (Kaliumnitrat) herauszulösen. Dann wird der Pilz hineingelegt. Er muß sich vollsaugen. Auf diese Weise wird dem Zunder zusätzlicher Sauerstoff zugeführt.

Der Zunderschwamm wird vom Baum gelöst, und mit einem Messer die obere, harte Schicht vom Pilz geschnitzt. Dann muß die filzartige Zunderlage von den unteren Lamellen losgeschnitten werden. Die so entstandene Zunderschicht wird auf einem Holzklotz geklopft, bis sie weich und flauschig ist. Nur dadurch wird sie so locker, daß sie überhaupt Funken fangen kann.

Neben dem Einlegen in Pottaschelösung oder Urin ist die Behandlung mit Schwarzpulver oder Salpeter die beste Lösung. Der so veredelte Zunder glimmt am sichersten und besten.

Echter Zunderschwamm. Die Pfeile zeigen auf die filzartige Masse, die zum Zunder verabeitet wird.

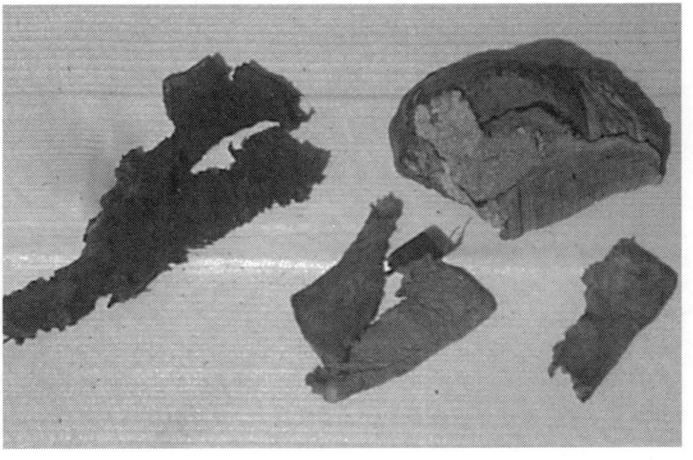

Oben der Zunderschwamm, unten links zubereiteter Zunder: fertig geklopft, in Salpeterlösung getränkt und getrocknet. Unten rechts nochmals geklopft und fertig zum Gebrauch.

Der falsche Zunderschwamm eignet sich nur dazu, um Glut zu transportieren. Sie sollten den Pilz in lange Streifen hacken und nur an einer Seite anzünden, damit er langsam weiterglimmt. Benutzen Sie nicht den ganzen Pilz, denn er ist schnell weggeglüht. In kleinen Portionen hält die Glut länger.

Als Zunder können Sie anstatt des echten Zunderschwamms verkohlte Baumwolle benutzen. Verkohlte Baumwolle ist einfach, aber arbeitsintensiv herzustellen. Dazu nehmen Sie eine Tabaks-, Schuhcreme- oder andere Dose, die sich relativ sicher luftdicht verschließen läßt. Diese füllen Sie mit Stücken (ca. 5 x 5 cm) einer abgetragenen Jeans. Dann wird in den Deckel mit einem Nagel ein Loch geschlagen. Für dieses Loch schnitzen Sie einen passenden Holzstöpsel, ein handelsüblicher Zahnstocher tut es auch. Das Loch muß daher halbwegs rund sein, denn der Holzstöpsel soll später verhindern, daß Sauerstoff in die Dose gelangt.

Zunder aus verkohlter Baumwolle auf den Feuerstein gelegt.

So vorbereitet legen Sie die mit dem Deckel dicht verschlosse, unverstöpselte Dose in ein Lagerfeuer, das bis auf die Glut niedergebrannt ist. Sie können zur Not auch einen Gaskocher nehmen und die Dose damit erhitzen.

Nach kurzer Zeit wird aus der Dose weißer Qualm steigen. So lange dies geschieht, ist alles in Ordnung, die Baumwolle verkohlt, verbrennt aber nicht. Wenn der Qualm weniger und farblos wird, ist alles, was verkohlen sollte, verkohlt. Dann müssen Sie die Dose aus dem Feuer nehmen und mit dem Stöpsel das Loch dicht verschließen. Die Dose muß nun völlig auskühlen. Würden Sie die heiße Dose öffnen, verbrennt der Stoff sofort und ist unbrauchbar. Sie stellen mit diesem Prozeß eine Art „Holzkohle" aus Jeansstoff her.

Aus der erkalteten Dosen können Sie dann die fertigen Zunderstücke entnehmen und in einer Zunderbox aufbewahren. Der Stoff sollte völlig schwarz aussehen, aber noch einigermaßen gut zusammenhängen, denn er braucht eine gewisse Stabilität, damit man ihn richtig auf dem Feuerstein festhalten kann.

Feuerstarter

Beobachtet man einige Zeitgenossen bei einer der letzten archaischen Tätigkeiten der zivilisierten Menschheit – dem sommerlichen Grillvergnügen –, lernt man verschiedene Feuerstarter kennen: Brennspiritus, Grillanzünder aus Erdöldestillaten oder Torfpreßlingen, flüssigen Grillanzünder oder gar eine Art Tauchsieder, die zwischen die Kohlen gelegt wird: Einfach den Stecker in die Steckdose, und die Metallspirale beginnt zu glühen!

Birkenrinde.

Es gibt aber in der Natur jede Menge Feuerstarter, die nichts kosten und auch bei schlechtem Wetter ausreichend und trocken zur Verfügung stehen. Da ist zum einen Birkenrinde. Die papierdünnen Streifen, die sich in kleinen Löckchen vom Stamm lösen, sind ein hervorragender Feuerstarter. Man kann davon nicht genug haben. Da man jeden Abend ein Feuer braucht, kann man auch schon tagsüber reichlich von diesem Material sammeln und in der Hosentasche zwischenlagern. Mit etwas Zeitaufwand kann man die Rinde auch noch zerfasern, aber meist ist das nicht notwendig. Ein Ball, so groß wie ein Apfel, müßte ausreichen, wenn der Rest des Feuers gut vorbereitet wurde.

Vogelnester sind eine weitere Möglichkeit, schnell an einen guten Feuerstarter zu kommen. In den Nestern sind auch Federn und Schmutz mit verarbeitet, außerdem tummelt sich darin allerlei Ungeziefer. Stecken Sie ein Vogelnest daher nicht in die Tasche!

Verdorrtes Gras findet man nicht überall. Besonders im Sommer, wenn alles grünt und blüht, sieht es damit schlecht aus. Aber auch aus der saftigsten Wiese schaut die eine oder andere trockene Brennessel heraus, an der Sie nicht vorbeigehen sollten. Trockenes Laub ist im Wald selten zu finden, denn auf dem Waldboden ist es meist feucht. Buchen behalten die abgestorbenen Blätter im Spätherbst und Winter noch eine ganze Weile an den Zweigen, so daß man sich genug trockenes Laub pflücken kann.

Der Feuerstarter wird zu einem Feuernest zusammengesetzt. Dieses Nest soll einigermaßen zusammenhalten, damit Sie in aller Ruhe die Glut vom Zunder in eine Flamme blasen können, um dann das ganze Feuernest problemlos unter den fertig vorbereitet Holzstoß zu legen.

Feuernest so groß wie eine Grapefruit aus streichholzstarken Nadelholzzweigen und zerfaserter Birkenrinde.

Dürre Äste findet man an vielen Bäumen; Sie müssen nur genau nachschauen. Besonders Nadelhölzer, aber auch Birken haben immer einzelne trockene Äste am Stamm, die nur so dick wie ein Streichholz sind.

Brauchbar, aber nicht unbedingt ökologisch verträglich, sind Gummi und Plastik als Feuerstarter. Sie verbrennen mit sehr heißer Flamme und schwarzem, beißenden Qualm. Außerdem tropfen flüssige Teile herunter, an denen man sich verbrennen kann.

Auch eine kleine Kerze ist gut als Feuerstarter geeignet. Man stellt sie auf ein dickes Scheit und zündet sie an. Wenn die Flamme heißer wird, schmilzt die Kerze und es brennen durch die herunterfallenden Holzstücke immer mehr „Dochte". Eine Weihnachtsbaumkerze kann man mit dem Messer in zwei Zentimeter lange Stücke schneiden. Wenn sie dann keinen hervorstehenden Docht hat, macht das nichts. Man hält das Streichholz einfach so an den Kerzenstummel, daß der Kopf etwas über der Kerze steht. Reißt man ihn an, schmilzt das Wachs und wird vom Streichholz aufgesaugt, dieses dient dann als Docht. Ähnlich kann man Fett oder Talg verwenden. Das brennende Stück muß aber unter dem Feuernest auf ein größeres Scheit gelegt werden, damit geschmolzenes Wachs nicht im Erdboden ungenutzt versickert.

Feuer anmachen ohne Streichhölzer

In fast jedem Survival-Buch wird als höchste Kunst das Feuermachen ohne Streichhölzer gezeigt. Ich habe aber schon beobachtet, daß „Survival-Jünger" selbst mit Streichhölzern kein Feuer zustande gebracht haben. Je schlechter die Voraussetzungen für ein Feuer sind, desto besser muß das Feuernest vorbereitet sein. Die mit viel Mühe erzeugte Glut muß möglichst schnell zu einer Flamme geblasen und dann unter das vorbereitete Holz geschoben werden. Wenn es regnet, schneit oder stürmt, wenn alles klamm und feucht ist, braucht man dazu schon einige Übung und reichlich Erfahrung.

Einige Methoden gibt es, die sind recht schnell anzuwenden. Mit einer Patrone kann man recht schnell Feuer erzeugen, wenn man das Geschoß herauszieht und das Pulver auf einen trockenen Ast in einen geschnitzte Kerbe schüttet. Mit einem Draht wird wie mit einer Säge auf dem Ast gesägt, um so viel Hitze zu erzeugen, daß das Pulver sich entzündet. Das daneben festgebundene Feuernest sollte dann brennen.

Mit einem Feuerbohrer, einer Feuersäge oder einem Feuerpflug konnte ich beim Ausprobieren im Werkkeller keine Glut zustandebringen. Warum soll es dann im Busch klappen? Verlassen Sie sich daher lieber auf Dinge, die funktionieren, und nehmen Sie genug Streichhölzer mit.

Weiterhin im Verlag erschienen

VENATUS VERLAGS-GMBH

VENATUS Verlags-GmbH · Köterei 15 · 38108 Braunschweig
Tel.: 05 31 / 37 75 12 · Fax: 37 75 38 · EMail: Venatus@t-online.de

Video VHS, über 50 Minuten Spieldauer, Stereo / Dolby Surround.
ISBN 3-932848-06-3, Preis: 89,– DM

Das Messervideo

Die ideale Ergänzung zum Buch!

Im Messerbuch ist schon eine Menge Neues und Praktisches beschrieben. Aber in diesem Video wird alles in bewegten Bildern gezeigt.

Die Schmieden in Solingen, das Herstellen eines Messers in einer Messerfabrik. Die Handarbeit eines Messermachers. Natürlich auch die „Faszination Messer".

Hier wird gezeigt, was alles möglich ist, was die besten der Messermacher an feinen Messer produziert haben. Was die besten der Messer leisten, wie man damit umgeht.

Dieses Video ist ein Muß für jeden Messerfreund.

Jede Menge Hintergrundwissen zum Thema Messer: Der bekannte Messermacher Wolf Borger zeigt, wie er ein Jagdmesser fertigt. Die Firma Hubertus gewährt einen Blick in die Fabrikation, und vieles andere mehr!

Kompetenz
in Sachen Jagd

Alle Titel erhalten Sie in jeder guten Buchhandlung, im Jagdfachgeschäft oder direkt beim Verlag.

Licht im Dunkeln

Da der Mensch ein „Tagtier" ist, sind seine Augen auch für das Sehen bei Tageslicht optimal ausgerüstet. Leider ist er im Umkehrschluß im Dunkeln mit einer sehr schlechten Sehfähigkeit ausgestattet, so daß er verschiedene Hilfsmittel ersonnen hat, Licht ins Dunkel zu bringen. Beginnen wir mit den einfachen Dingen: Wie kann man die Nachtsehfähigkeit verbessern?

Das menschliche Auge besitzt zwei Arten von Rezeptoren, die für das Sehen verantwortlich sind und mit Hilfe einer chemischen Reaktion – vom einfallenden Licht verursacht – elektrische Impulse erzeugen, die von den Nerven zum Hirn weitergeleitet werden. Um bei wenig Licht noch viel Wirkung zu erreichen, öffnet sich die Pupille, so daß mehr Licht durch die größere Öffnung ins Auge fallen kann. Das ist aber nur ein Teil der Wahrheit, denn im Auge gibt es Rezeptoren für das Tagsehen, die mit viel Licht funktionieren, und bei wenig Licht die Arbeit einstellen, weil die Energie des Lichtes zu schwach ist, um noch eine Erregung auszulösen. Dann treten die Rezeptoren für schwaches Licht in Aktion. Sie liegen bei starkem Licht in der Netzhaut verborgen, weil sie sonst ständig überreizt werden würden. Daher benötigen sie auch eine gewisse Zeit – bis zu 20 Minuten – um voll einsatzfähig zu sein. Mit anderen Worten: erst nach einer Anpassungszeit von etwa 20 Minuten hat der Mensch seine volle Nachtsehfähigkeit hergestellt.

Diese Anpassung wird aber durch etwas weißes Licht schon wieder zunichte gemacht. Sie sollten daher mit den an die Dunkelheit angepaßten Augen vorsichtig umgehen, und möglichst Taschenlampen mit rotem Licht verwenden.

Bei Dunkelheit im Wald ist es allemal besser, langsam und ohne zusätzliches Licht zu gehen, als mit einer Taschenlampe. Man sieht durch die nicht an die Dunkelheit angepaßten Augen nur das, was der Kegel der Taschenlampe erleuchtet, und das ist meist nicht viel. Eine stärkere Taschenlampe hilft auch nicht weiter, denn je stärker die Lampe ist, desto stärker stören die Schlagschatten der Bäume.

Taschenlampen haben einen entscheidenden Nachteil für Wanderer und andere Reisende, die mit dem Gewicht haushalten müssen: Die Lichtausbeute bezogen auf das Gewicht ist äußerst schlecht. Nehmen Sie lieber

Kerzen mit. Die sind zwar nicht so hell, aber sie spenden für das gleiche Gewicht viel länger Licht, und darauf kommt es bei einer längeren Reise schließlich an.

Unsere Altvorderen nutzten zum Beleuchten den Kienspan, einen aus harzreichem Holz gespaltenen Stab, der hell brennt. Solche Kienspanfackeln können Sie aus einem trockenen Fichten- oder Kiefernast schnell selbst herstellen. Auch hier wird der trockene Ast gespalten, damit er besser brennt. Als „Brandbeschleuniger" beschmieren Sie ihn mit dem Harz, das aus den Wunden der Bäume austritt. Meist findet man eine Baumnarbe, die noch relativ frisch ist, so daß das ausgetretene Harz noch weich und klebrig ist. Der Stock wird kräftig mit dem Harz beschichtet, und die Behelfsfackel ist fertig.

Der echte Kienspan ist eine abgestorbene, harzreiche Kiefer, deren Holz von dem sterbenden Baum überall mit Harz versorgt wurde. Dadurch brennt das Holz sehr gut, und es verrottet nicht so schnell.

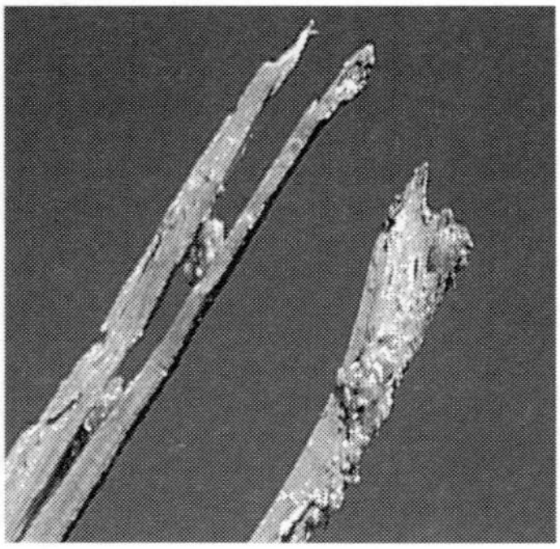

Kienspan, einmal mit Harz bestrichen und einmal angebrannt.

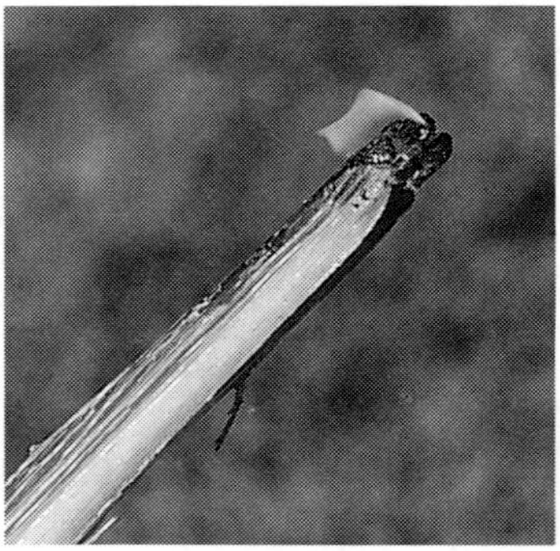

Für den normalen Gebrauch sind Kerzen die erste Wahl. Sie spenden zwar relativ wenig Licht, sind dafür leicht und unkompliziert in der Handhabung. Normale Haushaltskerzen sollten in einem Windlicht untergebracht werden, weil sie sonst durch Zugluft ungleichmäßig abbrennen und viel Wachs verschwendet wird. Je höher sie aufgestellt sind, desto weiter reicht der Schein. Teelichter haben einen entscheidenden Nachteil: Schon nach kurzer Zeit wird das gesamte Wachs flüssig, und man kann sie nicht mehr tragen oder umstellen, ohne daß das Licht im Wachs ertrinkt. Gut geeignet sind auch zur Grabbeleuchtung hergestellte Kerzen. Inzwischen gibt es Modelle mit klarem Plastikbecher, die helles Licht verbreiten. Der Umgang mit Kerzen verlangt etwas Vorsicht, denn sie kippen leicht um, wenn sie nicht in einem vernünftigen Kerzenständern untergebracht sind. Wenn sie umfallen, gehen sie zwar fast immer aus, aber das heiße Wachs ist unangenehm.

Kerzenlaterne für ein Teelicht.

Damit die Kerzen nicht schnell verlöschen, kann man sie in ein größeres Glas stellen. Um das Licht einer Kerze besser zu nutzen, kann man eine einfache Lampe basteln. Dazu wird eine Blechdose, wie in der Abbildung gezeigt, abgeschnitten.

Improvisierte Kerzenlaterne.

Etwas fortschrittlicher sind Petroleumlampen. Die gibt es im Baumarkt für unter zehn Mark das Stück. Leider hat Petroleum einen Nachteil: es stinkt, schmiert und kriecht überall durch die Dichtungen. Damit ist dieser Brennstoff für Rucksackreisende nur bedingt zu empfehlen, denn schnell ist eine Flasche ausgelaufen und die Ausrüstung muß gereinigt werden. Mit Petroleumlampen wurden etliche Jahrzehnte alle Häuser erleuchtet, sie funktionieren einfach und sicher. Man muß aber trotzdem mit Sachverstand an die Bedienung herangehen, sonst dreht man die Flamme so klein, daß auch der Docht mit dem Rädchen in den Tank gedreht wird. Es ist eine undankbare Aufgabe, ihn herauszufischen und die Lampe wieder zum Brennen zu bringen. Die Flamme ist richtig eingestellt, wenn sie nicht rußt. Seien Sie mit diesen Lampen vorsichtig, denn der Deckel über der Flamme und das Glas werden heiß!

Petromax.

Die beste Art, Petroleum zu verbrennen, ist der Einsatz der „Petromax"-Lampe. Dabei wird das Petroleum nicht einfach mit einem Docht aus dem Tank gesaugt und verbrannt. Der Tank wird vielmehr mit einer eingebauten Pumpe unter Druck gesetzt, das Petroleum durch eine Düse ganz fein zerstäubt und mit Luft gemischt. Die Lampe besitzt einen Glühstrumpf, es gibt somit keine offene Flamme. Die Lichtausbeute ist so größer als die einer 100-Watt-Glühbirne. Die Lampen sind aber sehr teuer und außerdem recht empfindlich, eignen sich also eher für den Einsatz in einer Jagdhütte.

Ideal sind Gaslaternen. Bei ihnen bemerkt man außer dem Rauschen keinen Unterschied mehr zu elektrischem Licht. Die kleinen Lampen mit den Einwegkartuschen sind recht teuer in der Unterhaltung, aber mit den 11-kg-Flaschen hat man in einer Jagdhütte genau das Richtige. Zusätzlich kann man diese Flaschen benutzen, um einen Heizstrahler anzuschließen, damit man die Hütte in einer Minute anheizen kann.

Fackeln

Nach jeder traditionellen Treibjagd werden beim Streckelegen Fackeln angezündet. Ich bin zu sparsam (geizig), um eine ganze Fackel mit ein bis anderthalb Stunden Brenndauer für die zwanzig Minuten anzubrennen. Sie können die handelsüblichen Fackeln einfach von den Griffen ziehen und das wachsgetränkte Rohr mit der Axt in handliche Stücke teilen. Mit Haselstecken werden neue, längere Griffe improvisiert. Diese Fackeln brennen dann nicht so lange, sind dafür aber billiger. Sie können an dem Stecken noch einen Seitenast belassen, damit das Rohr nicht herunterrutscht. Brauchen Sie schnell viel Licht, dann zünden Sie die Fackel am unteren Ende an.

In einigen Gegenden werden Osterfackeln hergestellt, um damit einen Umzug zu veranstalten und dann das Osterfeuer anzuzünden. Diese Fackeln bestehen aus harzigen Fichten- oder Kiefernstämmen, die am unteren Ende mit dem Beil angespitzt werden. Die dabei abfallenden Späne werden aufgehoben. Den oberen Teil (2/3 der Länge) des Stammes sägt man mehrfach längs ein. Wer geschickt ist, kann die einzelnen Teile noch weiter spalten. Wichtig ist, daß alles seinen Zusammenhalt behält. Die abgefallenen Späne werden zwischen die langen Fahnen geklemmt, um diese auseinanderzuhalten. Am oberen Ende wird das Bündel mit Draht kräftig zusammengezogen. Diese Fackeln brennen erstaunlich lange, sind aber nicht ungefährlich, weil sie durchbrennen können und dann Glut auf die Erde fällt.

Einfache Fackeln aus Holz. Links gespalten und rechts brennend.

Einfache Fackeln können Sie selbst herstellen, indem Sie einen Stock mit Baumwollresten (alte Jeans) umwickeln. Dann wird der Stoff entweder mit Petroleum getränkt oder in einen Topf mit flüssigem Wachs getaucht. Die Methode mit Wachs ist besser, auch wenn sie mehr Aufwand erfordert. Diese Facklen können vorbereitet und aufbewahrt werden. Sie sollten den Stoff mit etwas Blumendraht sichern, damit Sie nicht plötzlich den brennenden Stoff vom Griff verlieren.

Improvisiertes Licht

Eine Mischung zwischen Kerze und Öllampe besteht aus einem alten Röhrenknochen, der mit Mark oder Fett und einem Docht gefüllt, eine passable Kerze abgibt.

Immer wieder wird man im Busch mit Fetten und Ölen konfrontiert, die sich nicht für den menschlichen Verzehr eignen. Auch Reste von Motoröl gehören dazu. Sie eignen sich immer noch dazu, Licht in das Camp zu bringen. Eine Blechdose wird an den Seiten zusammengekniffen, ein Docht hineingelegt, und schon kann man die improvisierte Öllampe anzünden. Als Docht funktioniert ein Stück Baumwollstoff, aber auch ein trockener Grashalm oder der Stengel einer trockenen Brennessel. Der Brennstoff muß nicht flüssig sein. Fett und Talg von Fuchs, Biber oder anderen Tieren eignet sich ebenfalls. Durch die Hitze der Flamme erwärmt sich die Dose, und das Fett schmilzt.

Um die Lampe mit festen Stoffen zu befeuern, muß man aber den Docht vorher mit flüssigem Öl tränken, um die Lampe in Gang zu bringen. Später erhitzt die brennende Lampe sich selbst.

Improvisierte Kerze aus einem Röhrenknochen.

Improvisierte Öllampe aus einer zusammengekniffenen Blechdose.

Brauchen Sie schnell Licht in Form einer improvisierten Fackel, können Sie ein Stück frische Birkenrinde (Richtig! Direkt vom Baum abgeschält) verwenden. Einfach in einen gespaltenen Stock geklemmt, brennt sie wie ein benzingetränkter Lappen.

Frische Birkenrinde in einem gespaltenen Stock als improvisierte Fackel.

Nahrung

Grundsätzliches

Der Mensch kann viele Tage ohne Nahrung auskommen, aber nur wenige Tage ohne Wasser. Unter diesem Aspekt sollte man die Nahrung in der Wildnis betrachten. In einer Notsituation ist es viel entscheidender, sich schnell wieder in die Obhut der Zivilisation zu begeben, als mit Fallenstellen, Jagd und Fischfang die Zeit zu verbringen. Solange man genug Wasser hat, kann man unbedenklich eine Woche und mehr wandern, ohne zu verhungern. Und die modernen Zivilisationsmenschen tragen fast alle ein ausreichendes Polster an Wohlstandsspeck mit sich herum, von dem sie zehren können.

In diesem Buch geht es nicht um Selbstkasteiung oder um Härtetests, sondern um das angenehme Leben in der Natur. Das fängt bei der Planung der Reise an. Es wäre im Hinblick auf die Nahrung falsch, nur das einzukaufen, was Sie auf der Liste eines Reiseratgebers gefunden haben. Sie müssen die Listen auf Ihre Belange zuschneiden. Was Ihnen nicht schmeckt, das lassen Sie weg oder ersetzen es durch andere Komponenten.

> **Tip!**
> Schreiben Sie auf die Dosen und Lebensmittel, die Sie in der Hütte lagern, das Einkaufsdatum mit einem dicken Filzstift. So wissen Sie, welche der Dosen als erste verbraucht werden muß.

Bei der Planung eines Wildnisaufenthaltes oder einer Jagdreise ist es von entscheidender Wichtigkeit, wieviel Stauraum und Gewicht die Nahrung einnehmen darf. Je schwerer und verderblicher (frischer) die Nahrung sein kann, desto schmackhafter ist sie natürlich.

Um Gewicht zu sparen gibt es zwei Möglichkeiten: einerseits können Sie auf getrocknete Nahrung zurückgreifen und bei Bedarf das fehlende Wasser hinzufügen. Andererseits können Sie Proviant komplett weglassen und den Speisezettel mit selbstgepflückter, -gefangener oder -gejagter Nahrung aufbessern. Das muß nicht unbedingt funktionieren. Bei einem Jagdausflug sollten Sie ausreichend Dosenfutter mitnehmen, und wenn Sie etwas schießen, dann lassen Sie eben die Dosen für den nächsten Aufenthalt in der Hütte.

Einige Dinge sind auch bei Autowanderern praktisch: beispielsweise Milchpulver oder Eipulver. Gewürze sind um so wichtiger, je mehr man auf getrocknete oder schon vorbehandelte Nahrung zurückgreifen muß. Viele Tütengerichte bekommen einen besseren Geschmack, wenn man reichlich Pfeffer und Chili oder andere Scharfmacher dazumischt.

Sie können nicht kochen? Macht nichts, denn Sie haben draußen im Normalfall nur einen oder zwei Töpfe zur Verfügung, und da werden Sie schon etwas zustandebringen. Sie sollten aber auf jeden Fall die Gerichte zu Hause ausprobieren, damit später keine wichtigen Zutaten fehlen (Knoblauch, Zucker, Backpulver etc. werden gerne vergessen). Von den Mengen her sollten Sie ausreichend planen, denn ein Wanderer verbraucht deutlich mehr Kalorien als ein Buchhalter. Und die frische Luft soll ja auch Appetit machen.

Wichtig bei der Auswahl der Gerichte ist, daß man nur begrenzte Kapazitäten in den Töpfen hat. Auch sollte das Essen nicht zu schwierig zu kochen sein. Typische Essen für Draußen sind Gerichte wie „NuGu" (Nudeln mit Gulasch), Reis mit Soße, Spaghetti mit Soße, Eintopf oder Pfannengerichte. Sollte man keinen Tisch haben, an den man sich setzen kann, ist es beim Essen schon eine Erleichterung, wenn das Gericht nur mit einem Löffel oder einer Gabel zu handhaben ist. Mit dem Teller auf den Knien und Messer und Gabel zu hantieren, macht keinen Spaß. Wenn man wirklich hungrig ist, möchte man mit der einen Hand den Teller unter das Kinn halten und mit der anderen, löffelbewehrten einfach nur „reinschaufeln".

Kochen am Feuer

Obwohl die Menschheit seit Hunderttausenden von Jahren am Feuer kocht, ist es deswegen nicht einfacher geworden. Der Koch steht im beißenden Qualm des Feuers, und wenn er mit der Hand zum Topf greifen will, dann nur über die heißen Flammen hinweg. Die Hitze eines Feuers ist nur schwierig zu regulieren. Auch ist sie meist ungleichmäßig. An einer Stelle brennt das Essen im Topf an, an anderer Stelle ist es noch kalt.

Um das zu verhindern, gibt es zwei Möglichkeiten: entweder Sie kochen über Glut, die einigermaßen gleichmäßig brennt, oder Sie nutzen einen schweren Topf aus Gußeisen, der die Hitze aufnimmt, ausgleicht und gleichmäßig an den Inhalt abgibt.

Ungewohnt beim Kochen über einem Feuer ist für einen zivilisierten Menschen, daß der Topf meist nicht fest steht. Man hantiert mit einem schweren, heißen Behälter, der kippelt und die Gefahr in sich birgt, das Essen entweder ins Feuer zu kippen oder auf den Koch. Um diese Gefahr zu umgehen, sollten Sie einen Herd bauen. Nehmen Sie ein ausreichend großes Stück stabiles Drahtgeflecht – Din A 3 ist nicht zu klein! – und legen Sie es über das Feuer. Die andere Möglichkeit ist, den Topf an einem Gestänge über dem Feuer aufzuhängen. (Dazu aber ein eigenes Kapitel).

Ein Topf auf dem Feuer sollte immer mit einem Deckel versehen werden. Einerseits fallen dann keine Asche-Stücke in das Essen, andererseits kocht das Wasser schneller, wenn der heiße Dampf nicht entweichen kann.

Tip!
Tragen Sie beim Kochen dünne Lederhandschuhe. Sie verbrennen sich dann nicht so leicht. Denken Sie daran, daß Handschuhe zwar vor der Hitze des Feuers schützen, aber daß Sie nicht so schnell merken, wenn die Handschuhe brennen!

Tip!
Sollten Sie längere Zeit an der gleichen Stelle am offenen Feuer kochen, sollten Sie die Feuerstelle erhöhen. Beispielsweise schichten Sie ein Rechteck aus Steinen auf, füllen den Innenraum mit Sand und haben so eine Herdstatt in Kniehöhe. Sie brauchen sich nicht so tief zu bücken, und das Kochen ist bequemer.

Tip!
Fertig zusammengestellte Topf-Sets sind meist nicht das, was der Tramper braucht. Besser ist es, man stellt sich die Topfauswahl selber zusammen. Hauptsache es paßt alles ineinander. Wenn nicht, ist das nicht schlimm, dann hat man im Rucksack eben mehr druckgeschützten Stauraum.

Tip!
Am Lagerfeuer benötigt man eher flache, breite Töpfe als hohe, dünne. Je tiefer der Schwerpunkt liegt, desto stabiler stehen Töpfe auf dem Feuer.

Weiteres nützliches Zubehör

Einige Dinge sollte man in Waldgebieten dabei haben, weil sie das Leben erleichtern und gut mitzuführen sind. Eines davon ist ein Stück Wachstuch-Tischdecke. Kochen und Essen ist angenehmer, wenn man es auf einer sauberen Unterlage erledigen kann und den Brotteig nicht auf dem Waldboden kneten muß. Ein weiteres nützliches Utensil ist ein Holzbrett, auf dem man Wurst und Käse schneiden, sein Pausenbrot schmieren oder Zwiebeln hacken kann.

Tip!
Plastikgeschirr verträgt nur selten Minustemperaturen. Beim Aufenthalt im Winter sollte man auf Alu- oder Edelstahlteller zurückgreifen. Beim Kaffeetrinken ist es sinnvoll, einen isolierten Becher zu benutzen, weil sonst der Kaffee schnell kalt wird. Vorsicht beim Trinken, weil man die Temperatur nicht an der Außenhaut der Tasse abschätzen kann und sich leicht den Mund verbrennt.

Tip!
Eine Thermoskanne ist praktisch, muß aber komplett aus Edelstahl gefertigt sein. Ein heißes Getränk führt dem Körper im Winter Wärme zu, die er so nicht aus der Nahrung gewinnen muß, das spart Kalorien.

Tip!
Statt des Grillrostes ist ein u-förmig gebogener dicker Draht gut geeignet, um den Topf darauf über dem Feuer abzustellen. Zwei einzelne Stäbe würden immer auseinanderrollen.

Früchte aus der Natur

Gerade wenn man im Spätsommer oder Herbst durch die Wälder streift, gibt es reichlich Früchte an den Bäumen und Pilze auf dem Boden. Das kann man nutzen, um den Speiseplan aufzustocken, Vitamine zu tanken oder eintöniges Essen geschmacklich zu verbessern. Eine komplette Abhandlung über eßbare Früchte ist hier sicherlich fehl am Platze, aber es gilt: was man nicht kennt, sollte man auch nicht essen.

Bei Pilzen ist das noch wichtiger: Sie enthalten kaum Nährstoffe, bestehen fast nur aus Wasser. In einer Notsituation sollte man auf den Verzehr unbekannter Pilze völlig verzichten, das Risiko einer Vergiftung ist die äußerst geringe Kalorienzufuhr nicht wert.

Bei Früchten ist das anders: sie enthalten durchweg reichlich Zucker, der den Motor am Laufen hält. Auch wenn der durchschnittliche Mitteleuropäer von dem Geschmack der Wildfrüchte nicht sehr angetan ist, weil die Lebensmittelindustrie durch Überzuckerung ihrer Produkte das Geschmacksempfinden einer ganzen Nation verändert hat, bleiben sie für die Ernährung unbedingt wichtig.

Einige Beeren sind für den Menschen nur abgekocht genießbar. Dazu gehören Ebereschen- und Holunderbeeren. Schlehen sollten einen Frost abbekommen haben, dann sind sie bekömmlicher und weniger herb.

Einfacher ist das Sammeln von Nüssen. Durch ihren hohen Fettgehalt sind sie hervorragend geeignet, die Kost mit hochwertigen Kalorien aufzubessern. Der Wanderer sollte an keinem Haselnußstrauch vorbeigehen, ohne ihn abzusammeln. Auch Walnüsse oder Eßkastanien – wo sie vorkommen – sollte man nicht liegenlassen.

Wurzeln sind sicherlich als Nahrung zu gebrauchen, wenn man sich mit ihnen auskennt. Beispielsweise sind Löwenzahn und Zichorie, Topinambur oder Meerettich Wurzeln aus der Natur, die auch in dem Topf eines Wanderers willkommen sind.

Zu den „Früchten" aus der Natur gehören selbstverständlich auch Wildtiere und Fische. Man sollte nicht darauf verzichten, den Speiseplan auf diese interessante und meist sehr schmackhafte Art zu erweitern – die notwendigen amtlichen Erlaubnisse vorausgesetzt. Darauf sollte man sich allerdings nicht verlassen, denn Jagderfolg ist nicht planbar. Manches Mal war ich schon froh, nicht vom Jagen leben zu müssen.

Dutch-Oven

Eine der besten Erfindungen für das Kochen im Freien ist meiner Meinung nach der Dutch-Oven. Er besteht aus Gußeisen und hat einen eingeschliffenen Deckel. Der Boden ist flach, und der ganze Topf steht auf drei Füßen. Bei den Trappern und Cowboys gehörte er einfach dazu, denn mit diesem Utensil kann man am offenen Feuer ausgezeichnet kochen. Auch heute sieht man ihn fast in jedem Trapper-Camp.

Ein echter Dutch-Oven aus Gußeisen, der Deckel ist schräg aufgelegt.

Einen Nachteil hat das gute Stück: es ist schwer. Der Trick an dem Gußeisen ist, daß die ungleichmäßige Hitze des Feuers von dem dicken Boden und der Wand ausgeglichen wird und nichts so leicht anbrennen kann. Auf den nach innen gewölbten Deckel kann man noch zusätzlich Glut schaufeln, damit man „Oberhitze" erreicht.

Einen echten Dutch-Oven zu bekommen, ist nicht leicht, aber mit Hilfe des Internets kann man ihn aus Amerika bestellen und mit der Kreditkarte bezahlen.

Der Dutch-Oven erhält Oberhitze durch glühende Kohlen. Dafür ist der Deckel extra geformt.

Noch einige Hinweise zur Pflege des Gußeisens: benutzen Sie niemals Seife oder scharfe Reinigungsmittel, schon gar nicht bei einem neuen Topf! Das Gußeisen ist porös und würde die Seifenstoffe aufnehmen, um sie dann beim Kochen wieder an die Speisen abzugeben.

Um das zu verhindern, wird der Topf vor Gebrauch gefettet. Dazu muß man ihn mit heißem Wasser säubern. Dann wird er – noch heiß durch die Wärme des Wassers – mit einem Stück Palmin o.ä. eingerieben. Das Fett schmilzt sofort, und das Eisen saugt Teile davon auf. So vorbereitet wird der leere Dutch-Oven in den heimischen Herd geschoben, um dort mindestens eine halbe Stunde bei 180 Grad zu verweilen. Dann stellt man den Herd aus und läßt ihn zusammen mit dem Dutch-Oven auskühlen. Man kann auch mit einem Küchentuch das Fett nochmals verteilen.

Ohne diese Vorbehandlung würde der Dutch-Oven einerseits seinen Geschmack von der Herstellung an die erste Speise abgeben, die darin zubereitet wird, andererseits würde er den Geschmack in die Poren aufnehmen und beim nächsten Gericht wieder abgeben. Besonders lästig ist das, wenn sie erst ein scharfes Chilli und dann einen süßen Nachtisch kochen.

Die Vorbehandlung füllt die Poren des Metalls also mit neutralem Fett, so daß er geschmacksneutral wird und zusätzlich rostgeschützt ist. Diese Behandlung sollten Sie regelmäßig wiederholen. Alles steht in der mitgelieferten Gebrauchs- und Pflegeanleitung.

Mein beliebtestes Rezept ist „Mampf“: Es sieht so aus, schmeckt auch so, und ist ein Gericht, das im Freien zubereitet und gegessen werden muß. Grundlage ist ein Stück geräucherter Rippenspeck.

Beim Speck sollte man wählerisch sein, und bei einem Schlachter nur unverpackte Ware kaufen. Die eingeschweißte und vermeintlich billigere Ware eignet sich nicht, und ich kann davon nur abraten: wenn der Speck kleingeschnitten in der Pfanne oder im Dutch-Oven angebraten werden soll, steigen bald lustige Bläschen auf, und kurze Zeit später schwimmt der ganze Segen im eigenen Sud. Das Wasser, das der Speck in seiner Plastikhülle behalten hat – und das natürlich das Gewicht nach oben treibt – tritt nun aus und muß erst verdampfen, bevor sich in bezug auf das Anbraten etwas tut. Guter Speck ist trocken, verliert beim Anbraten nur das Fett und kein Wasser, und die Fett- und Muskelstränge sind im Anschnitt gleich stark.

Im Durch-Oven werden Speckwürfel und Zwiebeln angebraten.

Nun aber zurück zum Mampf: In einem tüchtigen Schlag Butter oder Olivenöl werden für einen Dutch-Oven der Größe 4-5 Liter zwei bis drei Tassen Speckwürfel ausgelassen. Ich schneide den Speck in Würfel von Erbsengröße. Dazu kommt die gleiche Menge Zwiebelwürfel, die in dem ausgelassenen Speck glasig gedünstet werden. Das Ganze wird mit roten Kidney-Bohnen aus der Dose aufgefüllt.

Das war der Inhalt – besser der Gehalt. Nun kommt der Geschmack. Scharf muß er sein. Aber wie? Am besten mit Maggi Texikana, einer Soße mit viel Chili. Das reicht aber meist noch nicht, also wird Pfeffer, Salz, Senf, Sambal-

Olek und Tomatenmark dazugetan. Bei solchen Gerichten wird oft die süße Note vergessen, sie sind zwar scharf, schmecken aber nicht nach „Ihm" und nicht nach „Ihr". Also muß etwas Zucker oder süßer Ketchup dazu.

Den schweren und heißen Deckel hebt man mit einem passenden Stock.

Da läuft einem das Wasser im Munde zusammen!

Fertig abgeschmeckt muß der Topf auf dem Feuer eine zeitlang simmern. Ich bereite dieses Gericht als Beilage zum Grillfleisch, und stelle den Dutch-Oven dazu auf den Grill. Dabei genügen eine Handvoll Grillkohlen, um den Topf zum Kochen zu bringen und ein bis zwei Stunden die Wärme zu halten. Man täuscht sich dabei gewaltig! Am besten schmecken solche Gerichte, wenn sie lange gekocht und nochmals aufgewärmt wurden.

Dosen öffnen

Zur modernen Hausfrau, und daher im Wald auch zum modernen Trapper, gehört Dosenfutter. Meist fehlt aber der Dosenöffner, und das schöne, filigrane, scharfe Messer wird an der Dose ruiniert. Das muß nicht sein, denn einerseits gibt es kleine Dosenöffner, die sich leicht im Portemonnaie mitführen lassen. Andererseits kann man die Dose auch einfacher öffnen:

Mit der Axt oder notfalls mit dem Messer wird die Dose mit zwei Schlitzen versehen, und das entstandene Dreieck nach oben gebogen (nicht mit bloßen Fingern, die Ränder sind messerscharf!). Es besteht keine Notwendigkeit, beim Öffnen dem Rand der Dose zu folgen und den Deckel kreisförmig abzutrennen!

So wird eine Dose schnell und sicher mit der Axt geöffnet.

Gestell für Kochgeschirr

Ein praktisches Gestell für das Kochgeschirr kann man aus einigen Metallstäben leicht selber fertigen. Aus dem Baumarkt besorgt man sich drei etwa 150 cm lange Eisenstangen, die dort beispielsweise für den Bau von Treppengeländern angeboten werden. An einem Ende wird an der Stange eine Öse angebogen, deren Innendurchmesser etwa fünf Zentimeter betragen sollte. Bei zwei Stangen ist die Öse geschlossen, bei einer so weit offen, daß die anderen beiden Ösen einfach eingehakt werden können. Entweder man hakt die beiden geschlossenen Ösen in die eine offene, dann erhält man ein Dreibein, oder man schlägt die beiden Stangen mit der geschlossenen Öse in die Erde und schiebt die dritte Stange als Spieß durch die beiden anderen Ösen, dann erhält man eine Hängevorrichtung.

Drei Stangen als Dreibein. An zwei der Stangen werden Ösen angebogen, an der dritten Stange nur eine „Schnecke".

Tip!
Eine Stück Baustahlmatte ist ein guter Rost, auf dem man zwar nicht grillen, wohl aber mit Töpfen und Pfannen kochen kann.

Gerüst zum Kochen aus natürlichen Materialien

Wenn natürliche Materialien für den Bau einer Kochgelegenheit herhalten müssen, dann sollte man die Astgabel mit Bedacht auswählen. Eine Stange mit einer gleichmäßigen Gabel läßt sich nicht mit einem Hammer in die Erde schlagen. Besser ist es, einen Stamm mit einem Seitenast zu nehmen.

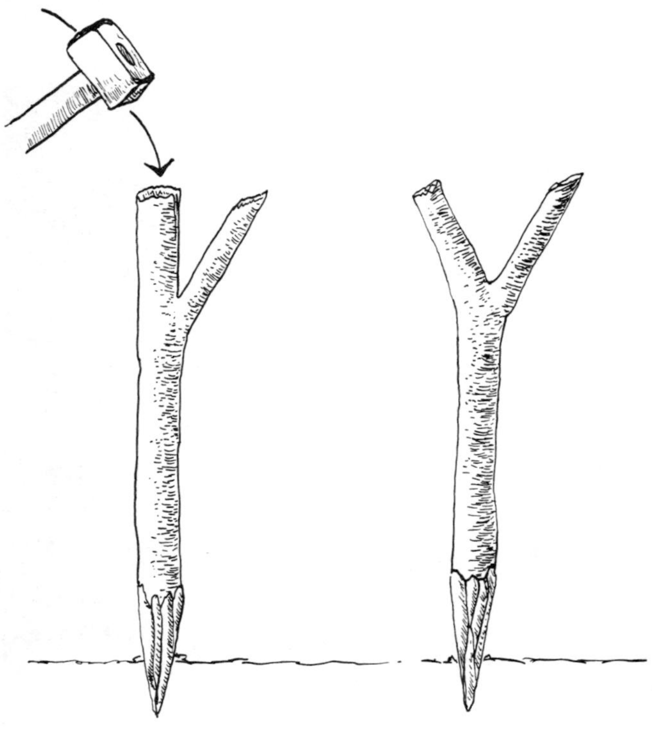

Eine gleichmäßige Gabel kann man nicht in die Erde schlagen!

Eine andere Möglichkeit ist, den Teekessel an einer einzelnen Stange aufzuhängen. Dafür wird an einer etwa zwei Meter langen Stange am dicken Ende – das ist wichtig!– ein Haken geschnitzt. Die genaue Ausführung ist an anderer Stelle im Buch ausführlich gezeigt. Einen Schritt von der Feuerstelle entfernt wird eine Astgabel in die Erde geschlagen. Dann können Sie den Kessel über das Feuer hängen. Die andere Seite der Stange wird mit einem Häring niedergehalten. Mit etwas Übung hat man den Dreh schnell raus und eine erstaunlich solide Konstruktion.

Mit Hilfe einer Astgabel und eines Härings kann man eine Stange sicher über dem Feuer balancieren.

Detail des Hakens: so läßt sich der Topf sicher aufhängen, außerdem ist der Haken so schnell geschnitzt, daß es sich nicht lohnt, eine Stange mit passendem Seitenast zu suchen.

Unterkunft

Allgemeines

Ein Zelt aufzubauen für das schöne Wetter, das gerade herrscht, ist schnell getan. Das Zelt für das schlimmste Wetter aufzubauen, das man sich vorstellen kann, dauert länger als die eingangs erwähnte Variante, es spart Kraft und Nerven, wenn das Ungewitter sich entlädt. „Unverhofft kommt oft!" reimt der Volksmund, und er hat damit sicherlich recht. Leider ist der Mensch von Haus aus sehr träge, und es ist nur schwer einzusehen, warum man sein Zelt sicher abspannen soll, um einen Regenguß abzuhalten, wenn doch gerade die Sonne so schön scheint.

Aus Erfahrung kann ich nur jedem raten, sich auch bei herrlichstem Sonnenschein für übelstes Wetter vorzubereiten. Sie werden nicht von den ersten Regentropfen wach, sondern erst von denen, die durch das Zelt dringen. Und dann werden Sie sich und Ihre Faulheit verwünschen. Selbst die zusätzlich aufgewandte Zeit, um hundert Mal ein Zelt unnötigerweise wetterfest zu machen, ist wenig verglichen mit der, die Sie benötigen, um die durchnäßte Ausrüstung zu trocknen.

Die Wildnis verzeiht keine Fehler, und Sie müssen mit Ihren Gedanken immer zwei oder besser noch drei Schritte voraus sein. Etwas zur falschen Zeit – also zu spät – tun heißt, ein Mehrfaches an Zeit, Nerven und Energie dafür zu benötigen. „Man muß Heu machen, wenn die Sonne scheint" ist ein Sprichwort, daß auf diese Situation paßt. Sie werden im Folgenden noch mehrfach darauf stoßen.

Falls die Sicherheitslage Ihnen Kopfschmerzen bereitet, gibt es verschiedene Möglichkeiten, sich rechtzeitig zumindes warnen zu lassen. Einerseits können Sie um das Lager einen Wall aus trockenen Zweigen anlegen, Sie hören dann am Knacken, wenn sich jemand dem Lager nähert. Auch Stolperdrähte mit angebundenen Blechbüchsen und Steinen darin, die bei Berührung klappern, warnen vor einem Eindringling. Eine fast perfekte Methode, „Selbstschüsse" zu bauen, besteht darin, eine Rattenfalle mit Schrauben und Zündhütchen (Für Vorderlader, gibt es im Waffengeschäft) gemäß der Abbildung zu versehen. Richtig angebracht, löst ein Zug am Stolperdraht einen lauten Knall aus.

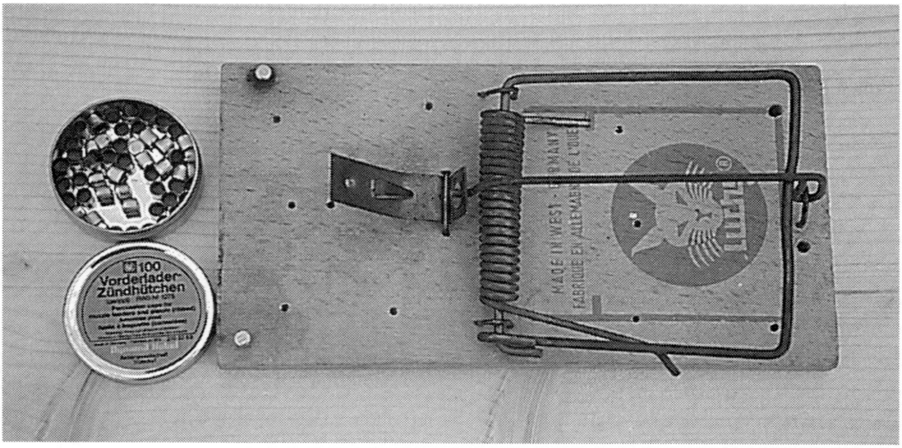

Zur Alarmanlage umgebauten Rattenfalle: auf die Sockel werden Vorderlader-Zündhütchen gesteckt, die Auslöseschnur wird am Köderhalter befestigt.

Detail der Rattenfallen-Alarmanlage: Die abgesägte Schraube und links daneben ein umgedrehtes Vorderlader-Zündhütchen.

Unterstellen unter einen Baum

Die einfachste Art und Weise, sich vor Regen zu schützen ist, sich unterzustellen. Dazu eignen sich dicht belaubte Bäume natürlich am besten. Nur diese findet man nicht im Wald, sondern am Rand. Die Bäume im Inneren des Wald sind selten bis an den Boden belaubt. Am Waldrand ist das anders, hier reicht das Blätterdach bis zum Boden und bietet mehr Schutz. Eines sollten Sie auf keinen Fall machen: sich bei Gewitter unter einen einzelstehenden Baum stellen, dieser zieht die Blitze an!

Die Bäume sind am Waldrand dichter belaubt und bieten mehr Schutz.

Wenn Sie sich unterstellen, denken Sie daran, daß bei Nadelbäumen das Wasser an den Zweigspitzen abtropft, der Platz direkt am Stamm also recht trocken bleibt. Bei Laubbäumen ist das umgekehrt. Hier wird das Wasser von den Blättern und Zweigen gesammelt und am Stamm heruntergeleitet. Daher ist der Platz direkt am Stamm feucht, und Sie sollten sich etwas davon entfernen, um eine trockene Stelle zu finden.

Bei einem Regenguß sollten Sie sich schnell unterstellen und das Ende des Schauers abwarten. Nachdem es zu regnen aufgehört hat, fängt es im Wald zu tropfen an. Dann sollten Sie eine freie Fläche aufsuchen, weil Sie sonst doch noch naß werden. Der Wald verzögert den Regen nur um einige Minuten.

Nadel- und Laubbäume haben unterschiedliche trockene Stellen.

Blockhüttenbau

Der Bau einer Blockhütte verlangt eine Menge Baumaterial, Kenntnisse, Werkzeug und handwerkliches Geschick. Abgesehen davon ist es in Deutschland nicht erlaubt, eine Blockhütte in den Wald zu zimmern.

Vor dem Abenteuer, eine Blockhütte zu bauen, sollten Sie sich Gedanken machen, ob Sie die notwendigen Ressourcen dazu besitzen. Dazu gehört nicht nur ausreichend Baumaterial, sondern auch Zeit (Tageslicht, reicht der Urlaub?), Körperkraft, Zahl der Helfer oder Menge der Verpflegung (wer baut, kann keine Beeren sammeln!).

Eine Blockhütte als Jagdhaus ist eine feine Sache, und wenn Sie noch selber gebaut haben, ist sie doppelt so wertvoll.

Auch wenn Blockhäuser in weniger zivilisierten Gegenden ohne Plan und Zeichnung gebaut werden, sollten Sie Ihren ersten Versuch mit Hilfe eines Architekten oder eines versierten Zimmermannes starten. Selbst wenn Maschinen – Motorsägen oder Oberfräsen – die Arbeit erleichtern, bleibt noch das Problem, die Balken bzw. Stämme übereinander zu stapeln. Das ist bei den ersten beiden Balkenlagen noch relativ einfach, bei dem Firstbalken wird es aber schwierig. Ohne ein paar Tricks und Kniffe ist dieses Vorhaben nicht so ohne weiteres gefahrlos durchzuführen.

Das Innere einer Blockhütte ist urgemütlich.

Bei der Gestaltung der Blockhütte sollten Sie bedenken, daß der Dachüberstand ausreichend groß sein muß, denn er ist gleichzeitig Wetterschutz für das Feuerholz.

Selbst das „Herzhäuschen" kann man aus Baumstämmen zimmern!

Beim Innenraum sollten Sie in ausreichender Höhe einen Zwischenboden einziehen, auf dem Sie schlafen können. Die warme Luft steigt nach oben und so bleibt es in der Nacht länger warm. Unter dem Dach sollte eine Rolle angebracht werden, mit der man ein Trockengestell für feuchte Kleidung nach oben in die warme Luft ziehen kann.

In die Mitte des Fußbodens wird als „Kühlschrank" ein Loch in die Erde gegraben, mit Steinen ausgelegt und mit einer Klappe wieder verschlossen. Hier ist es auch im Sommer kühl, so daß Lebensmittel frisch bleiben.

Zelte

Trapper, die längere Zeit in den Wäldern leben, haben statt der Blockhütte anfangs normalerweise nur ein Zelt. Erst, wenn sie die neue Trapline richtig kennen, entscheiden sie sich für einen Bauplatz und eine Blockhütte. Die modernen Zelte, wie sie für Tramper und Bergsteiger angeboten werden, sind keine ideale Lösung, wenn es darum geht, länger im Camp zu leben. Besonders bei schlechtem Wetter fällt einem der Aufenthalt in einem Mini-Zelt schnell auf die Nerven. Auch lassen sich die kleinen Dinger mit dem eingebauten Plastik-Boden nicht richtig heizen, um das Leben angenehmer zu machen und beispielsweise feuchte Kleidung zu trocknen. Bei Zeltbenutzern unterscheide ich zwei verschiedene Fraktionen: Die einen bevorzugen ein indianischen Tipi, die anderen ein Zelt mit steilen Wänden. Beide Konstruktionen haben Vor- und Nachteile, sind jedoch auf einen langen Aufenthalt an einem Ort ausgelegt.

Tip!
Legen Sie den Fußboden des Zeltes mit Einweg-Europaletten aus, dann weicht der Boden bei feuchtem Wetter nicht so leicht auf, und bei Frost ist es wärmer.

Das Tipi wird traditionell mit einem offenen Feuer in der Mitte geheizt, das Zelt mit einem Ofen, wobei das Ofenrohr aus dem Zelt herausgeführt wird. Für beide Arten werden die Zeltstangen direkt vor Ort geschlagen, denn diese Zelte werden ohne Stangen geliefert.

Tip!
Schlagen Sie im Winter ausreichend Stangen für das Zelt, die dann trocknen können. So sind sie leichter, strapazierfähiger, und außerdem geht der Aufbau schneller.

Traditionelles Tipi eines Trappers.

Fast alle Jagdführer in Nordamerika und Kanada nutzen Zelte als Unterkünfte im Jagdcamp.

In einem großen Jagdzelt kommen etliche Leute unter, und vor dem Zelt sitzt man abends am Feuer.

Biwaksack oder Schlafsackhülle

Steht kein Regen an, ist es nicht notwendig, sich in ein Zelt zu verkriechen. Mir war und ist es immer ein Greuel, wenn Kameraden lieber im Panzer schlafen als unter freiem Himmel. Sie wissen halt nicht, wie man es sich draußen bequem macht.

Wenn es nicht regnet, heißt das aber nicht, daß man trocken bleibt. Luft ist ein Gas und „löst" nur eine bestimmte Menge Feuchtigkeit, abhängig von der Temperatur. Vergleichen kann man das mit einer Tasse heißem Tee, in die man reichlich Zucker rührt. Solange der Tee heiß ist, löst sich eine Menge Zucker, kühlt er ab, fallen kleine Zuckerkristalle aus, eben weil kalter Tee weniger Zucker löst als heißer.

So ist es auch mit der Luftfeuchtigkeit. Das gelöste Wasser fällt aus, wenn sich die Luft abkühlt. Daraus wird Tau oder bei Frost unter bestimmten Bedingungen Rauhreif. Vor dieser Feuchtigkeit muß man sich schützen. Das geht am einfachsten mit einer Schlafsackhülle, denn ein guter Schlafsack nimmt leicht Feuchtigkeit auf. Alles, was er an Feuchtigkeit aufgenommen hat, muß man heraustrocknen, bevor man wieder hineinsteigt, sonst wird er klamm. Was gar nicht erst hereinkommt, muß auch nicht wieder hinaus.

Biwaksäcke gibt es sogar aus Gore-Tex. Sie lassen die Feuchtigkeit hinaus, aber Tau und Regen bleiben draußen. Mir reicht ein einfacher Biwaksack aus Nylon, er isoliert auch zusätzlich, weil er winddicht ist.

Ich bevorzuge es, unter den Biwaksack noch einen Poncho zu legen. So kommt vom Boden her keine Feuchtigkeit und kein Schmutz an Schlafsack und Isomatte. Auf den Poncho lege ich den Biwaksack, dort hinein die Isomatte und den Schlafsack. Morgens kann ich den Schlafsack auslüften lassen, und der Biwaksack trocknet schnell von der Nachtfeuchtigkeit.

Schlafsack aus Decken

Als es noch keine Schlafsäcke gab, haben ihn Cowboys und Trapper aus Decken improvisiert. Besser gesagt, sie haben die Decken so zusammengelegt, daß sie sich in der Nacht beim Umdrehen im Schlaf nicht freistrampelten und es nicht gezogen hat. Decken waren im Pelzhandel in Amerika eine der begehrtesten Handelswaren. Indianer haben damals Biberfelle gegen Decken getauscht.

Tip!
Einige große Sicherheitsnadeln halten die Decken zusammen, so daß diese nicht auseinanderklaffen und der Schläfer im Freien liegt.

Schlafplatz

„Wie man sich bettet, so schläft man" – wer möchte das in Abrede stellen? Aber was heißt das für den Waldläufer? Wer bequem schlafen möchte, der muß etwas im Vorfeld dafür tun. Nur einen Super-Schlafsack vom ortsansässigen Trampershop zu erwerben reicht nicht, die Unterlage muß stimmen. Eine Extrem-Isomatte nützt wenig, wenn man nach einer halben Stunde Schaf herunterrollt. Folglich sollte man sich der Bettstatt intensiv widmen, gerade wenn Schlaf Mangelware ist.

Hüfte und Schulter sind die beiden Punkte, auf denen der Körper in der Seitenlage aufliegt. Eine moderne Federkernmatratze gleicht sich dem Körper an, der Waldboden tut das nicht. Als überzeugter Seitenschläfer umgehe ich dieses Problem, indem ich für Hüfte und Schulter eine Vertiefung in den Boden kratze. Dieses Hüft- und Schulterloch ist nur ein bis zwei Fingerbreit tief, aber es steigert die Bequemlichkeit einer Isomatte enorm. Auch in der Rückenlage unterstützt es den Körper besser als eine brettebene Unterlage.

Tip!
Füllt man den Beutel vom Schlafsack mit Kleidung, beispielsweise einem Pullover, erhält man ein praktisches Kopfkissen.

Tip!
Als Wärmflasche füllt man seine Feldflasche mit heißem Wasser und nimmt sie mit in den Schlafsack. Eine Schicht Kleidung um die heiße Feldflasche wickeln, damit man sich nicht verbrennt!

Notunterkünfte

In fast jedem Survival-Ratgeber steht (abgeschrieben), wie man ein Zelt aus Zweigen oder Blättern baut: einfach ein paar Äste zusammenstecken und dachziegelartig mit großen Blättern abdecken. Zweige oder Rindenstücke tun es auch. Die Sache funktioniert, hat aber einen kleinen Haken: man benötigt zur Herstellung eine unendlich lange Zeit. Um eine wirklich wasserdichte Notunterkunft fertigzustellen, reichen sechs, acht, ja zehn

Stunden nicht aus. Besonders dann, wenn man keine tauglichen Werkzeuge zur Verfügung hat. In deutschen Landen gibt es außer Huflattich und Rhabarber keine geeigneten großen Blättern, und selbst diese wird der erste Windstoß – der einem Sommergewitter vorangeht (und nur im Sommer hat Huflattich grüne Blätter!) – wegwehen. Vergessen Sie also den Bau einer Hütte mit Blätterdach. Es funktioniert in Deutschland nicht.

Beim Bau einer Notunterkunft müssen Sie bedenken, daß Sie noch Zeit für die Nahrungssuche und für den Marsch zurück brauchen. Es nützt wenig, am Ende eines arbeitsreichen Tages mit knurrendem Magen in einer halbwegs warmen „Behausung" zu sitzen, und keinen Meter von der Stelle gekommen zu sein.

Im Sommer können Sie die paar Stunden unter freiem Himmel schlafen, und im Winter gibt es hier in Deutschland kein geeignetes Baumaterial. Kuscheln Sie sich lieber in die Ihnen verbliebene Kleidung und sehen Sie zu, daß Sie den Anschluß an die Zivilisation finden. Und wenn es regnet, dann stellen Sie sich unter.

Etwas Festeres

Anders sieht es aus, wenn Sie einen Jagdausflug lange geplant haben und mit Nahrung reichlich ausstaffiert sind. Dann können Sie einige Zeit darauf verwenden, die Unterkunft komfortabler auszubauen. Im Winter ist ein Zelt meist nicht warm genug. Die alte Harzer Köhlerhütte ist eine bewährte Konstruktion und nicht so aufwendig wie eine Blockhütte zu bauen. Zum Aufwärmen und zum Trocknen der Kleidung reicht sie allemal. Der Holzbedarf ist recht gering und die Isolation durch die aufgeschichteten Rasenplaggen hervorragend. In nordischen Ländern hat sich diese Bauweise als Lappen-Kotta seit Jahrtausenden bewährt. Auch die Köhler im Harz wußten sich bequem einzurichten.

Der Grundgedanke bei einer solchen Konstruktion ist, daß Seitenwände und Dach einen sehr steilen Winkel bilden. Dadurch kann das Wasser schnell ablaufen und die Rasenplaggen nicht so schnell durchweichen. Außerdem ist eine solche Konstruktion stabiler, weil die Stangen keine großen Abstände überbrücken müssen.

Für den Bau benötigen Sie recht wenig Holz verglichen mit dem einer Blockhütte. Auch fällt das aufwendige Verzapfen der Enden und das Einkehlen der Unterseite der Stämme weg. Die Stangen werden nur an die Konstruktion gelehnt, und damit hat es sich.

Die Außenhaut der Köhlerhütte besteht wie erwähnt aus Rasenplaggen, die mit der Unterseite nach oben auf die Konstruktion aufgelegt werden. Daher ist es gut, an den Stämmen auf der Außenseite die einen oder anderen Aststummel zu belassen. Sie verhindern, daß die Plaggen der Schwerkraft folgen und von der Hütte rutschen.

Im Innern kann man mehr nutzbaren Raum gewinnen, wenn der Innenraum einige Handbreit tief ausgeschachtet wird.

Durch Ausschachten gewinnt man in einem Zelt reichlich Raum und mehr Kopffreiheit.

Durch geschicktes Ausschachten kann man die Betten zu Sitzgelegenheiten ausbauen. Der Boden wird rund 50 Zentimeter – die Sitzhöhe eines normalen Stuhles – eingetieft. Vorteilhafterweise schaufelt man natürlich vor der Erstellung der Außenhaut, so hat man mehr Platz und kann die ausgehobene Erde gleich dorthin werfen, von wo man sie später auf die Außenhaut bringt. Die Kanten werden mit verflochtenen Hasel- oder Weidenruten abgestützt. Die Wand wird so normalerweise halten, aber nicht, wenn die schwere Konstruktion der gesamten Hütte darauf lastet.

Weiterhin im Verlag erschienen

VERLAGS-GMBH

VENATUS Verlags-GmbH · Köterei 15 · 38108 Braunschweig
Tel.: 05 31 / 37 75 12 · Fax: 37 75 38 · EMail: Venatus@t-online.de

DIN A 5, Broschiert, zahlreiche s/w-Abbildungen, ca. 176 Seiten
ISBN 3-932848-16-0, Preis: 24,80 DM

Thorsten Trede

Lehrbuch der Bogenjagd

Bogenschießen ist eine Sportart, die immer mehr Anhänger findet. Und viele Bogenschützen wollen irgendwann einmal mit dem Bogen auch zur Jagd gehen. Und bei den Jägern ist es umgekehrt: viele haben schon mit der Büchse gejagt, und wollen nun einmal versuchen, dem Wild mit Pfeil und Bogen nachzustellen.

Auch wenn es in Deutschland nicht möglich ist, öffnen sich immer mehr klassische Jagdreiseländer den Bogenjägern.

In diesem Lehrbuch wird die Technik und die Handhabung des Jagdbogens ausführlich und detailliert beschrieben. Besonders die Funktion und Auswahl des Compoundbogens, der auf der Jagd eine dominierende Rolle spielt. Unter dem Gesichtspunkt der Jagd wird dem notwendigen Zubehör und der Taktik besondere Aufmerksamkeit geschenkt. Viele Praxistips runden das Buch ab.

Kompetenz
in Sachen Jagd

Alle Titel erhalten Sie in jeder guten Buchhandlung, im Jagdfachgeschäft oder direkt beim Verlag.

Was die Natur an Praktischem zu bieten hat

Knochen

Ein dauerhafter und strapazierfähiger Werkstoff aus der Natur ist Knochen. Früher wurde er für die verschiedensten Alltagsgegenstände benutzt, heute aber durch allerlei Kunststoffe verdrängt. Knochen hat den Vorteil, daß er sich – als natürliches Material – immer angenehm anfaßt und den Handschweiß aufsaugt.

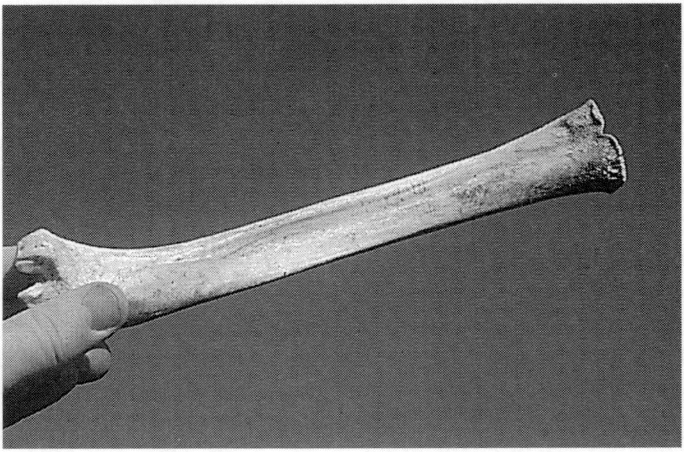

Knochen nach einem Jahr in der freien Natur: weiß und fettfrei.

Man unterscheidet die hohlen Markknochen (Ober-, Unterschenkel, Ober- und Unterarmknochen), sowie die aus einer massiven Deckschicht mit bimssteinähnlicher Struktur im Inneren (Schädelknochen, Rippen, Becken etc.). Aus Markknochen lassen sich lange Stücke herausschneiden, die dann weiterverarbeitet werden können. Beispiele dafür sind Griffschalen für Messer oder die sogenannten „Falzbeine", mit denen man Papier falten und die Kanten glattstreichen kann.

Früher wurden aus Knochen viele Gebrauchsgegenstände gefertigt, beispielsweise Knöpfe, Würfel zum Spielen, Griffe für alle möglichen Gegenstände. Die Fußwurzelknochen waren die traditionellen Hilfsmittel für Schamanen. Sie wurden geworfen und aus ihrer Lage konnte der Heiler die Zukunft lesen.

Die Bezeichnung „Eisbein" kommt aus der Zeit, als die Knochen des Eisbeines als Kufen für Schlittschuhe – besser deren Vorläufer – verwendet wurden. Schon die Wikinger sind damit über zugefrorene Wasserflächen geflitzt.

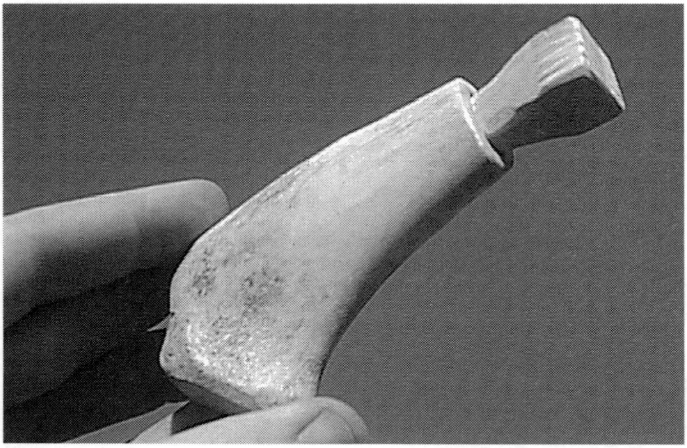

Knochen als kleiner Behälter.

Richtig bearbeitet sehen Griffschalen aus Knochen an einem Messer aus wie Elfenbein. Dazu muß man die grob zugeschnittenen Stücke gut entfetten, indem man sie mit kaltem Wasser aufsetzt und einige Zeit kochen läßt. Dabei wird das Fett aus den Knochen herausgekocht und bildet an der Wasseroberfläche Fettaugen. Die Knochen werden aus dem Wasser genommen und in kaltem Wasser abgeschreckt. Falsch wäre es, die Knochen im Kochwasser erkalten zu lassen, weil das Fett dann zum Teil wieder in die Knochen einziehen würde. In der Folge wären sie dann nicht weiß, sondern gelblich.

Falls Sie selber etwas aus Knochen fertigen möchten, sollten Sie die beim Zerwirken anfallenden Knochen der Vorder- und Hinterläufe anschlagen oder eine Seite absägen und etwa ein Jahr der Witterung aussetzen. Hinterher sind sie schneeweiß und fettfrei. Ahlen zum Vorstechen beim Ledernähen wurden früher auch aus Knochen gefertigt. Aus einem passenden Knochen – für feine Näharbeiten vom Vogel – wird eine Ahle herausgeschliffen. Der Griff ist der unbearbeitete Teil des Knochens.

Die Nadeln legt man in einen Behälter, der aus einem Langknochen gefertigt ist. Dazu wird der Knochen passend abgesägt, so daß entweder nur der hohle Mittelteil oder der Mittelteil mit einem geschlossenen Ende übrig bleibt. Das andere Ende wird mit einem Stopfen verschlossen.

Horn

Die Natur hält auch Horn als Werkstoff für die Wildniswanderer bereit. Leider kommt man in normalen Situationen schlecht daran. Horn ist ein Material – nicht zu verwechseln mit Geweih – das dem Fingernagel oder den Hufen des Schalenwildes ähnlich ist. Früher haben die Trapper Pulverhörner aus Kuhhörnern gefertigt. Horn ist zum größten Teil innen hohl, sitzt am Schädel auf einem Knochenzapfen, und wächst ständig weiter. Die herausragende Eigenschaft ist seine Elastizität. Außerdem läßt es sich in kochendem Wasser erweichen und formen und behält die Form nach dem Erkalten. Wenn Horn ständig in Gebrauch ist, behält es seinen Glanz und seine Struktur, wenn es schlecht behandelt wird, trennen sich die Hornlagen und es splittern Lagen ab.

Ein Pulverhorn – auch ein Trinkhorn – wird erst einmal tüchtig geschrubbt, und innen und außen der Schmutz entfernt. Die Basis wird gerade abgesägt und damit der dünne Teil entfernt.

Für ein Pulverhorn wird die Spitze durchbohrt – evtl. mit einem heißen Nagel oder Draht durchgebrannt –, damit man aus diesem Loch später das Pulver schütten kann. Um den offenen Teil zu verschließen, fertigt man einen Holzstopfen, der etwas dicker sein kann, wenn er konisch geformt ist. Das erhitzte Horn wird auf diesen Stopfen geschoben und mit Messingnägeln festgenagelt. Anschließend sägt man den überstehenden Stopfen ab und schmirgelt alles sauber. Nach der Politur erhält das Horn Glanz und Schutz, wenn man es mit Leinöl einreibt und dieses mit der Handfläche einmassiert.

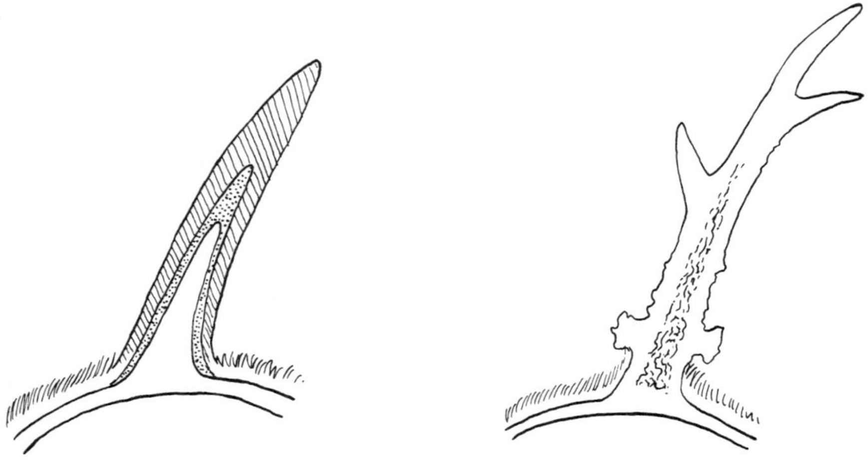

Unterschiede zwischen Horn links (Hornscheide auf lebendem Knochenzapfen,wächst zeitlebens) und Geweih rechts (totes Knochenmaterial, wird jährlich abgeworfen).

Pulverhorn.

Baumrinde

Aus Baumrinde – besonders von Birken und Kiefern – kann man eine Vielzahl von Behältern fertigen. Die Indianer haben ihre Kanus mit Rinde bespannt. Leider stirbt ein Baum, wenn man die Rinde rundum entfernt. Daher sollten Sie nur in Notfällen davon Gebrauch machen. Andererseits steht nichts dagegen, daß Sie einen Stamm, den Sie ohnehin fällen, vorher „abledern". Am besten löst sich die Rinde, wenn der Baum im Frühjahr im Saft steht. Ritzen Sie am oberen und unteren Ende die Stammrolle bis auf das Holz an. Dann verbinden Sie die beiden Ringe mit einem Längsschnitt. Sie können die Rinde lösen, indem Sie mit einem Holzspatel Stamm und Rinde trennen. An eingewachsenen Ästen sitzt die Rinde fester. Sollte sie sich nicht gleich lösen lassen, schlagen Sie mit einem Holzstück auf die Gnubbel, bis sich die Rinde abhebt.

Birkenrinde: ein vielseitig einzusetzendes Material.

Um aus den Rindenstücken Behälter zu fertigen, nutzen Sie die unten bebilderten Anleitungen. Die zum Nähen notwendige Ahle können Sie aus einem Stück Knochen passend zurechtschleifen.

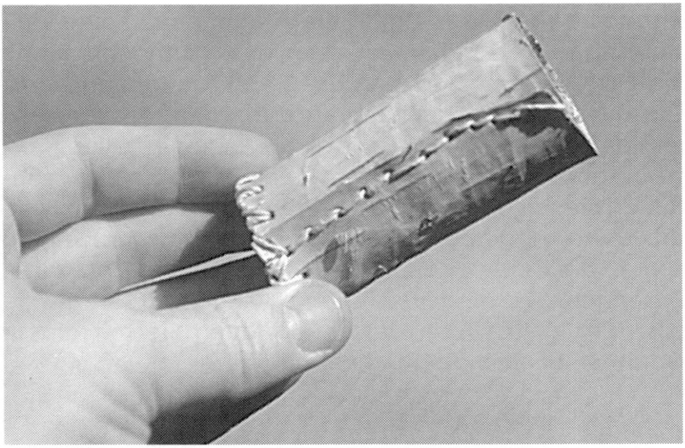

Behälter mit Boden aus Birkenrinde. Die frische Rinde kann wie Leder genäht werden.

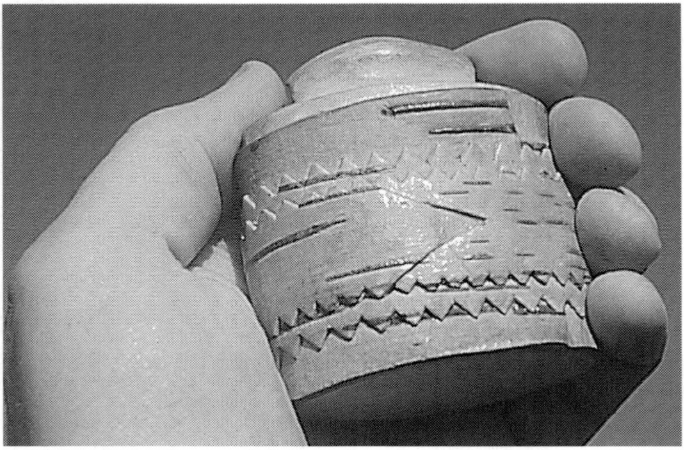

Behälter mit eingesetztem Boden aus Birkenholz.

Harz

Harzkleber gewinnt man aus Kiefern- oder Fichtenharz, das an Bäumen aus Wunden in der Rinde tritt. Je größer die Wunde, desto mehr Harz ist vorhanden. Das trockene und bernsteinfarbene Harz läßt sich leicht sammeln, weil es die Finger nicht so stark verklebt. Die milchigen frischen Harztropfen schabt man mit einem Messer ab. Im Harz verbleiben immer Verunreinigungen, die man durch Umschmelzen entfernen kann.

Tip!
Harzflecken auf der Kleidung oder an den Händen reibt man mit Butter oder Margarine ab.

Harzende Wunde an einer Fichte.

Klebstoff aus der Natur

Seit Jahrtausenden nutzen Menschen Klebstoffe, die praktisch und einfach herzustellen sind, zum einen eine Mischung aus Baumharz und Bienenwachs, zum anderen Leim aus Sehnen und Haut.

Zwei Teile erhitztes Harz wird mit einem Teil Bienenwachs gemischt, und schon ist der Kleber gebrauchsfertig. Es empfiehlt sich, diese Mischung mit den darin schwimmenden Holz- und Dreckstückchen nochmals in eine frische Dose umzufüllen und so zu reinigen.

Der Kleber kann in eine praktischere Form gebracht werden, indem man ihn in der Dose erhitzt und in geknicktes Papier oder Alufolie gießt. Man erhält so eine Stange analog zum Siegelwachs. Zum Gebrauch wird diese Stange an einer Seite über einer Kerze erhitzt, und die flüssige Masse kann aufgetragen werden.

Harz und Wachs werden zu einem Klebstoff zusamengeschmolzen.

Um mit dem Kleber zu arbeiten, muß er heiß aufgetragen werden. Er eignet sich besonders, Pfeilspitzen in den Schaft einzukleben oder die Sehnenumwicklung gegen Feuchtigkeit zu imprägnieren. Weiterhin werden Messerklingen mit einem Rund-Erl traditionell mit diesem Kleber in den Hirschhorngriff eingeklebt.

Für den Kleber aus Hautstücken werden Rohhautstücke in wenig Wasser etliche Stunden gekocht, bis eine schleimige Masse entsteht. Das ist sogenannter Heißleim, mit dem man in der Tischlerei früher Holzverbindungen leimte. Auch dieser Leim wird heiß aufgetragen und klebt bereits, wenn er abgekühlt ist. Mit ihm kann man aber keine Hohlräume ausfüllen, und er verbindet nur Holz und ähnliche Werkstoffe wie Papier oder Leder.

Bienenwachs

Mitunter findet man das Nest wilder Bienen – aber wirklich nur sehr selten. Man muß einige Kenntnisse haben, um die Bienen zu erkennen. Sie können den Tierchen ihren Honig und das Wachs nehmen, indem Sie den hohlen Stamm mit feuchtem Laub ausräuchern. Stellen Sie sich aber auf einige Stiche ein, denn kampflos lassen sich Bienen nicht bestehlen.

Brechen Sie die Waben heraus und stellen Sie diese in einem Eimer mit einer Glasplatte abgedeckt in die Sonne, so läuft ein Großteil des Honigs heraus. Dann fischen Sie die Waben heraus und lassen sie weiter abtropfen. Um möglichst viel Honig zu nutzen, können Sie die Waben im Wasser auslaugen, um gesüßtes Wasser für Tee zu gewinnen. Die Waben werden dann in einem Topf am Feuer geschmolzen. Aus dem Wachs kann man Kerzen machen, als Zugabe zum Klebstoff (gemischt mit Harz) ist es aber sinnvoller verwendet.

Holzkohle

Vom Grillen her ist die Holzkohle bekannt. Früher wurde sie zum Schmieden und Schmelzen von Eisenerz verwendet. Ihr große Vorteil ist, daß sie mehr Hitze entwickelt als beim Holz selber, und das ohne Rauch und Flamme. Sämtliche für die Flamme und den Qualm verantwortlichen Bestandteile sind bereits vorher verbrannt. Kleine Mengen Holzkohle lassen sich in einer kleinen Grube erzeugen. Holzscheite – vorzugsweise Harthölzer wie Buche oder Eiche – werden angezündet und, wenn die Flammen erlöschen und das Holz nur noch glüht, mit Grassoden abgedeckt und gelöscht. Größere Mengen Holzkohle werden in Meilern hergestellt. Dieses Verfahren erfordert eine Menge Fachwissen. Außerdem dauert es etliche Tage, bis ein Meiler mit einigen Kubikmetern Holz durchgeglüht ist. Früher wurde im Meiler die entstehende Hitze ausgenutzt, um Holzteer zu gewinnen.

Birkensaft

Wenn im Frühjahr die Säfte in den Stämmen hochsteigen, ist es Zeit, um Bäume anzuzapfen. Birken liefern den vom Haarwasser her bekannten Birkensaft. Nun soll das nicht heißen, man solle Birken anzapfen, um in der Wildnis seinen Haarwuchs zu fördern. Vielmehr liefert dieser Saft ein zucker- und eiweißreiches Getränk, das von einigen Indianerstämmen auch noch vergoren wurde. Schnitzen Sie sich einen Pflock aus hartem Holz und bohren Sie den Stamm einer starken Birke an. In den Pflock schnitzen Sie eine Kerbe, in der der Saft entlanglaufen kann. Mit einem Eimer fangen Sie den Saft auf.

Eine andere Möglichkeit ist es, mit einem passenden Axthieb eine Kerbe in den Stamm zu schlagen, in die dann wiederum ein gefaltetes Stück Rinde geklemmt wird, um den Saft abzuleiten. Denken Sie daran, den Eimer gegen Insekten und herabfallenden Schmutz abzudecken.

Ahornsirup

Der Saft des Ahorns hat besonders in Amerika eine lange Tradition auf den Tischen der Naturvölker. Er wird, wie bei der Birke beschrieben, abgezapft. Allerdings wird er – um ihn haltbar zu machen – zu Sirup eingekocht. Dabei müssen große Mengen Wasser verdampft werden, um einen zähflüssigen Sirup zu erhalten. Das läßt sich mit einfachen Campinggeräten nicht realisieren. Sollten Sie sich für einige Jahre in die kanadischen Wälder abgemeldet haben, sollten Sie die Herstellung von Ahornsirup in Betracht ziehen.

Die verschiedenen Holzarten und wozu sie gut sind

Im Folgenden möchte ich in lockerer Folge einige Baum- und Strauchar-ten vorstellen. Zu vielen muß man wissen, zu was sie zu gebrauchen sind und – noch wichtiger – zu was nicht. Die Liste ist bei weitem nicht voll-ständig, aber mit diesem Wissen sollte man einem Großteil möglicher Probleme begegnen können.

Schlehe – auch Schwarzdorn genannt – besitzt hartes, zähes Holz. Früher wurden Spazierstöcke aus diesem Material als Ziegenhainer bezeichnet, weil aus diesem Ort die besten Stöcke geliefert wurden. Auch heute noch sollten Sie sich einen Spazierstock aus Schlehe fertigen, denn durch die Stacheln, die der Stamm als Einzelbaum besitzt, wirkt er rustikal und sieht gut aus. Die Seitenäste werden glatt abgeschnitten, ohne zu viel Rinde zu entfernen. Auf das obere Ende kommt ein Knauf aus einer Hirschrose. Das untere Ende kann mit einer Spitze versehen werden. Schlehen reißen beim Trocknen leicht, Sie sollten daher nur saftloses Holz im Winter schla-gen. Mit einer fest angezogenen Schlauchschelle, die ab und zu nachge-spannt wird, verhindern Sie, daß die Enden einreißen.

Die **Eibe** ist das klassische Holz für Bögen. Leider ist die Eibe in unseren Wäldern selten geworden. Auf Friedhöfen wird man noch größere Exem-plare finden. Nur – wer schnitzt sich auf dem Friedhof einen Bogen? Für einen Bogen kann man keinen Ast verwenden, sondern man sollte vor-teilhafterweise ein Stück aus dem Stamm herausspalten, um möglichst viele lange, durchgehende Holzfasern zu erhalten.

Als ausgesprochenes Hartholz ist die **Eiche** bekannt. Neben dem harten Holz sorgt die Gerbsäure – die vor Fäulnis schützt – für die lange Halt-barkeit auch unter ungünstigen Umweltbedingungen. Für ein langanhal-tendes Feuer ist Eiche richtig; das Holz bildet ein gutes Bett aus Glut. Für den Bau von Möbeln ist es hervorragend geeignet, muß jedoch gesägt werden und läßt sich schlecht genau spalten.

Ahorn hat Holz von heller Farbe, das bei günstigen Bedingungen eine schöne Quermaserung (tiger-stripe oder auch curly maple genannt) oder Vogelaugen (birds-eye) zeigt. Neben dem Nußbaum ist es in Amerika als Schaftholz für Vorderlader verwendet worden.

Die **Hainbuche** hat ebenfalls ein helles, fast weißes Holz von außerordentlicher Härte und Dichte. Aus ihm werden traditionell Hackeklötze und Schneidbretter für Metzger hergestellt.

Ihren Namen hat die **Rotbuche** von dem rötlich erscheinenden Holz, das wie die Hainbuche fest und dicht ist. Es wird in der Möbeltischlerei für sehr strapazierte Oberflächen wie Tischplatten an Schultischen verwendet. Beide Buchen eignen sich hervorragend als Feuerholz, sie brennen heiß und langandauernd und bilden ein vorzügliches Glutbett.

Die **Linde** hat ein sehr weiches Holz und wird von Herrgottsschitzern als Ausgangsmaterial verwendet. Etwas anderes Sinnvolles kann man mit dem Holz auch nicht anfangen. In jedem Dorf gab es früher die Dorflinde, unter der zu Gericht gesessen wurde.

Die **Erle** als typisches schnellwachsendes Weichholz ist ein hervorragender Köder für den Biber. Bleistift- bis daumendicke Zweige werden hinter die Falle gebunden und locken die plattschwänzigen Nager. In Deutschland ist der Fang dieser Tiere aber verboten. Im Möbel- und Modellbau findet das weiche Holz Verwendung. Die Späne wird zum Räuchern eingesetzt.

Die **Esche** hat ein sehr zähes, langfaseriges Holz. Es ist erste Wahl für Werkzeugstiele. Für kurze Stiele werden die Stücke aus einer Stammrolle herausgespalten. So bleiben die Fasern im Gegensatz zu gesägten Bohlen intakt.

Die **Eberesche** hat ein Holz, das dem der Esche vergleichbar ist. Auf dem freien Markt ist das Holz nur schwer zu bekommen. Im Wald ist die Eberesche durch ihre Früchte ein wichtiger Baum für die Singvögel. Früher dienten seine Beeren als Köder für den Fang der Krammetsvögel (Sing- und Wacholderdrossel). Als Beilage zum Wildbret ist die auch als Vogelbeere bekannte Frucht eine Delikatesse. Sie muß allerdings durch Kochen entbittert werden.

Aus **Weiden** lassen sich verschiedene Flechtwerke fertigen. Das Holz ist leicht und verrottet schnell. Als Feuerholz ist es weniger geeignet. Aus Weiden kann man lebende Zäune pflanzen, die schnell anwachsenden Stecklinge werden dazu miteinander verflochten. Die Kopfweiden wurden früher zur planmäßigen Nutzung so gestaltet. Im Winter erntete man die langen Schößlinge, um daraus Körbe zu flechten. Mit der Herstellung von Plastikkörben haben die Kopfweiden an Bedeutung verloren.

Eine der wichtigsten Baumarten in der Wildnis ist die **Birke**. Als Feuerholz eigenet sie sich hervorragend, selbst frisches Holz, weil der Saft der Birke brennbar ist. Die langen, dünnen herabhängenden Zweige sind als Bindematerial gut zu verwenden, aber auch Besen lassen sich aus den Birkenreisern fertigen. Birkenholzteer ist ein Heilmittel und wird auch zum Gerben der „Juchtenleder" genutzt. Eines aber liefert die Birke nicht: dauerhaftes Bauholz. Ein Birkenstamm ist völlig verrottet, wenn er einige Jahre auf feuchtem Waldboden liegt. Am häufigsten werden die Birkenknollen, die einigermaßen hart sind, genutzt.

Die **Pappel** hat ein schnellwachsendes Holz, das nicht sehr dauerhaft ist. Als Feuerholz sollte man es nur zum Anzünden verwenden. Frische fingerdicke Stücke sind ein guter Köder für Biber.

Der **Haselnußstrauch** bietet das praktischste Bauholz für den Wildniswanderer. Der Hasel wächst meist in Form von Sträuchern, in deren Mitte viele verschieden starke Stangen stehen. Meist recht gerade gewachsen, eignen sie sich als Zeltstangen, Wanderstab oder passend gebogen als Packrahmen. Aber nicht nur das Holz, auch die Nüsse sollte man verwenden.

Kiefern sind typische Moor- und Heidepflanzen. Einzelstehende Bäume sind meist knorrig und daher schlecht zu verwenden. Als Feuerholz sollte man es nur zum Anzünden verwenden, weil bei dicken Scheiten die Harzgänge im Feuer platzen und glühende Stücke durch die Luft fliegen.

Im deutschen Wald sind inzwischen große Flächen mit **Fichten** bestockt. In unserem Klima relativ schnellwachsend, bestimmen sie in weiten Teilen der Mittelgebirge das Waldbild. Das Holz wird zu verschiedensten Produkten verwendet, vom Bau- über Möbelholz bis zum Grundstoff für Spanplatten. Aus den Wunden am Stamm tritt Harz aus, das man sammeln und als Klebstoff verwenden kann.

Als einziger heimischer Nadelbaum wirft die **Lärche** im Herbst ihre Nadeln ab. Das Holz hat einen hohen Harzanteil und ist daher sehr dauerhaft. Es eignet sich hervorragend für den Bau von Reviereinrichtungen, da es nur langsam verrottet.

Borsten

Wenn man keine Nähnadeln bei sich hat, aber Borsten vom Wildschwein oder Federkiele zur Verfügung stehen, kann man diese am Nähfaden befestigen. Die langen Rückenborsten werden aussortiert: je dicker, desto besser. Die Federkiele werden von der Federfahne befreit. Der Faden sollte halb so dick wie ein Streichholz sein und aus pflanzlichen Materialien bestehen; Kunststoff eignet sich nicht so gut. Drehen Sie den Faden etwas auf, so daß Sie die Borste (die dicke Wurzel vorher abschneiden!) rund 10 cm vor dem Ende mitten in den Faden schieben können.

Fügen Sie nun die Borste und den Faden aneinander, das aufgesplißte Ende der Borste lassen Sie seitlich herausschauen. Jetzt wird der Faden zusammen mit der Borste ineinandergedreht und so die Verbindung weiter verfestigt und mit Wachs und Pech eingerieben, so daß beides zusammenklebt. Diese Verbindung reicht aber nur, um den Faden so zu versteifen, daß er durch ein ausreichend großes, vorgestochenes Loch geschoben werden kann. Fassen Sie den Faden an und nicht die Borste, wenn Sie den Faden in der Naht straffziehen.

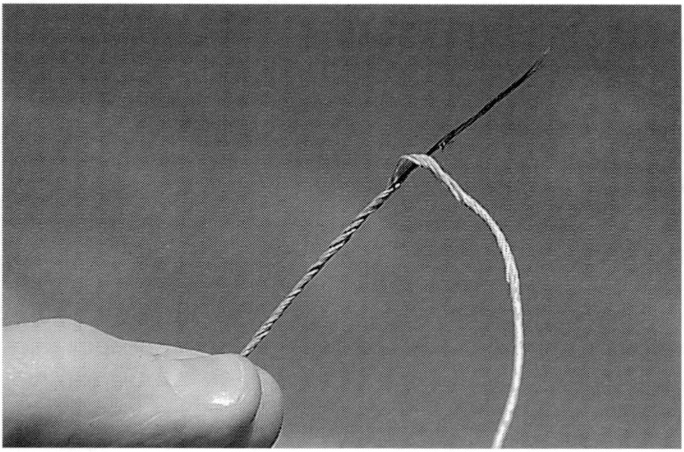

Faden mit angepichter Schweineborste. Das Ende in der Hand wird als erstes durch die Naht gezogen. Der schwarze ausgefranste Teil der Borste verschwindet normalerweise mit im Faden, ist hier aber aus Gründen der deutlicheren Darstellung noch nicht eingezogen.

Rohhaut

Eine besonders begehrte Art Schnur sind Streifen, die aus ungegerbter Haut geschnitten werden. Der Vorteil dieses Materials ist, daß es feucht verarbeitet wird und sich beim Trocknen zusammenzieht. Möchte man Leder damit zusammennähen, muß man es etwas einfetten, weil es sonst sehr bockig ist und sich schlecht durch die Löcher ziehen läßt. Auch sollte man es vorher kräftig über eine Kante ziehen, damit es geschmeidiger wird.

Hirschhorn

Hirschhorn war eines der beliebtesten Werkstoffe der Menschheit. Früher wurden viele Gegenstände aus diesem Material gefertigt. Knöpfe sind nur eine Möglichkeit. Schon in der Steinzeit haben Jäger Äxte aus Hirschhorn hergestellt, die den Steinäxten ebenbürtig, wenn nicht sogar überlegen waren. Um eine solche Axt zu fertigen, legt man die Abwurfstange einige Wochen in Wasser, damit sie weicher wird und leichter zu bearbeiten ist. Dann kann man die Stange mit einfachen Werkzeugen bearbeiten. Sie wird nahe der Rose gelocht und in Form geschliffen. Nach einigen Wochen in der Sonne ist das Hirschhorn ausgetrocknet und hart. Der Stiel wird aus einem Eichen- oder Eschenast geschnitten und von oben in das Loch gesteckt. So wird er mit jedem Schlag fester. Mit dieser Axt können Sie Bäume fällen! Die Rose bietet eine gute Schlagfläche.

Hirschhornknöpfe

Jeder Zackelsucher möchte Hirschhornknöpfe selbermachen. Das ist recht einfach, am besten geht es mit Hilfe eines Bandschleifers. Auf keinen Fall funktioniert es, von einer Abwurfstange Scheiben wie von einer Salami abzuschneiden. Dann erhält man Knöpfe, die in der Mitte das weiche und poröse Mark aufweisen, schlecht halten und nicht gut aussehen.

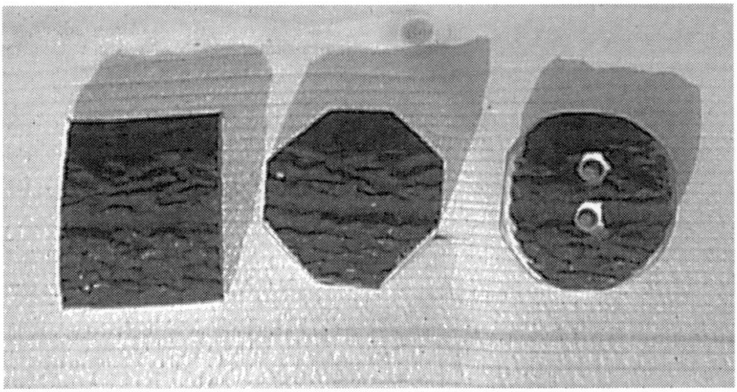

Die drei Stadien eines Hirschhornknopfes: Erst quadratisch, dann achteckig, schließlich rund und gelocht.

Man sucht sich an der Abwurfstange eine möglichst flache Seite, und die wird abgesägt. Aus dieser Platte sägt man sodann ein Quadrat heraus. Damit ist die Arbeit mit der Säge zu Ende. Um aus dem quadratischen Plättchen einen runden Knopf zu machen, schleift man am Bandschleifer die Ecken so weit ab, daß ein achteckiger „Knopf" entsteht. Diese Ecken werden wiederum gebrochen, meist kann man die Kante dann in einem Zug rund schleifen. Die Rückseite wird etwas ausgedünnt, die Kanten rundum gebrochen, und der Knopf muß nur noch gebohrt werden. Vergessen Sie nicht, die Löcher anzusenken und die Kanten zu brechen, sonst scheuert der Faden zu schnell durch.

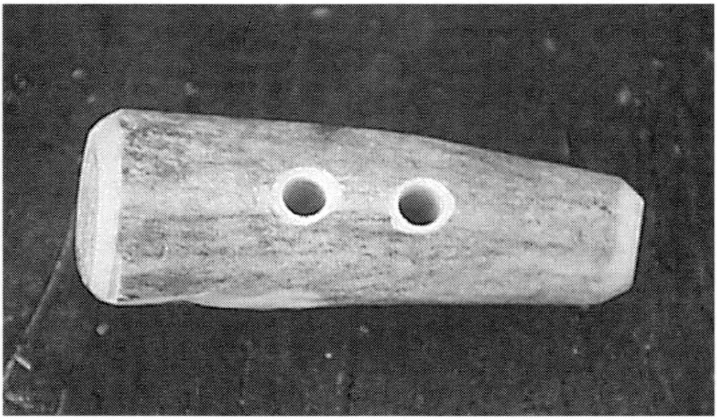

Knebelknopf aus Hirschgeweih-Ende.

Die Spitzen der Geweih-Enden werden abgeschnitten und mit zwei Löchern versehen, schon hat man einen Knebel-Knopf.

Sehnen

Um feinere Sachen nähen zu können, benötigt man einen dünnen und reißfesten Faden. Seit sich der Mensch in Felle kleidet, werden diese mit Sehnen zusammengenäht. Wenn man von Sehnen zum Nähen redet, denken viele Menschen an die Sehnen der Hinterläufe – beim Menschen die Achillessehne. Diese sind aber nur bedingt geeignet, denn sie sind zu kurz und zu dick.

Wesentlich besser sind die Sehnen zu verwenden, die auf dem Rücken des Tierkörpers liegen. Es ist genau das, was beim „Häuten" des Rehrückens anfällt. Diese Sehnen sind lang und recht einfach zu gewinnen. Am besten wird an dem noch hängenden Tier mit einem stumpfen (wichtig!) Messer die Sehne gelöst, aus der Mitte des Rückens. Dann schiebt man den Wetzstahl durch und vorsichtig nach oben und unten. Die Sehne löst sich vom Fleisch.

Die Rückensehnen werden getrocknet und etwas in der Länge gedehnt, damit sie nicht zu einem schrumpeligen Knäuel zusammentrocknen. Dann müssen die einzelnen Fasern getrennt werden. Dazu biegt man die Sehnen hin und her. Nach einigen Minuten zerfasert der ganze Strang zu kleinen Fäden. Um Leder zu nähen, wird das Leder mit einer Ahle vorgestochen, die Sehne kann man dann ohne Nadel durchfädeln.

Federn

Vögel haben nicht nur Fleisch zu bieten – auch die Federn lassen sich auf verschiedene Weise nutzen. Daunenfedern sind eine gute Isolation für Federbetten, und man sollte bei einer größeren Entenstrecke nicht vergessen, die Federn in einen Kopfkissenbezug zu sammeln. Später werden sie in einer Bettfedernreinigung aufgearbeitet.

Die langen Flügelfedern kann man gut verwenden, um Öl sparsam auf Waffen aufzutragen. Dazu werden sie – wie im Bild dargestellt – zurechtgeschnitten. Federn sind auch der typische Werkstoff für die „Federn" an Pfeilen.

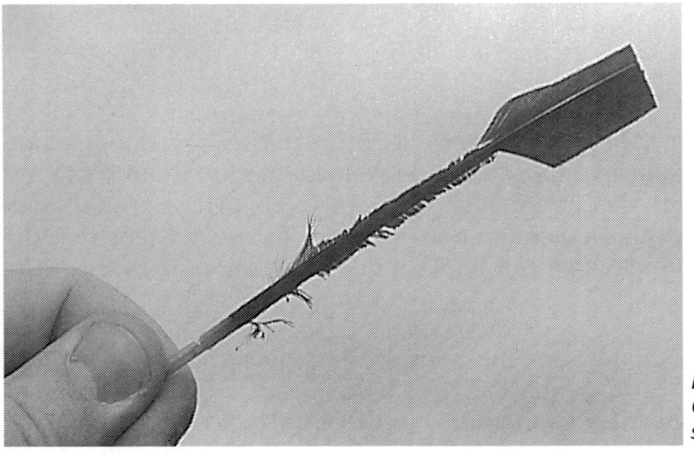

Einzelne Feder als Ölpinsel zurechtgeschnitten.

Sie können Federn ruhig zum Feueranmachen verwenden. Sie stinken zwar erbärmlich, aber dafür brennen sie gut.

Praktische Fertigkeiten

Schnüre flechten

Schnüre sind jederzeit und überall notwendig, darum habe ich immer reichlich dabei. Das Herstellen von gutem Bindematerial ist recht einfach, wenn man den Bogen raus hat. Das ungeeignetste Verfahren ist, das Rohmaterial wie einen Haarzopf aus drei Strängen zusammenzuflechten. Das Verfahren benötigt sehr viel Zeit und es läßt sich nur schlecht anstückeln.

Die richtige Methode ist, aus den Fasern einen langen Faden zu erzeugen – das ist je nach Beschaffenheit unterschiedlich und wird später ausführlich beschrieben – und diesen zu verdrillen. Dazu wird er in der Mitte geknickt, und die beiden Enden werden jedes für sich im Uhrzeigersinn verdreht. Mit etwas Übung geht das mit einer Handbewegung auf dem Oberschenkel. Dabei erhalten die beiden Stränge einen „Spinn", der sie zwingt, sich spiralförmig umeinander zu schlingen. Das geschieht, wenn die beiden Stränge ihrem Spinn folgend entgegen dem Uhrzeigersinn umeinandergelegt werden. Das erfolgt mit einer einzigen Handbewegung auf dem Oberschenkel.

Die einzelnen Stränge im Uhrzeigersinn und beide zusammen miteinander entgegen dem Uhrzeigersinn verdrehen – das ist das ganze Geheimnis. Die beiden Stränge halten sich selbst dadurch, daß sie durch das Verdrehen unter Spannung gesetzt werden. Wenn nun diese Einzelstränge sich gegen diese Spannung aufdrehen, umschlingen sie sich mit dem anderen Einzelstrang noch fester.

Sollte die Schnur nicht dick genug sein, halbieren Sie den entstandenen Faden erneut, drehen die beiden Enden im Uhrzeigersinn und verschlingen sie wiederum um einander entgegen dem Uhrzeigersinn.

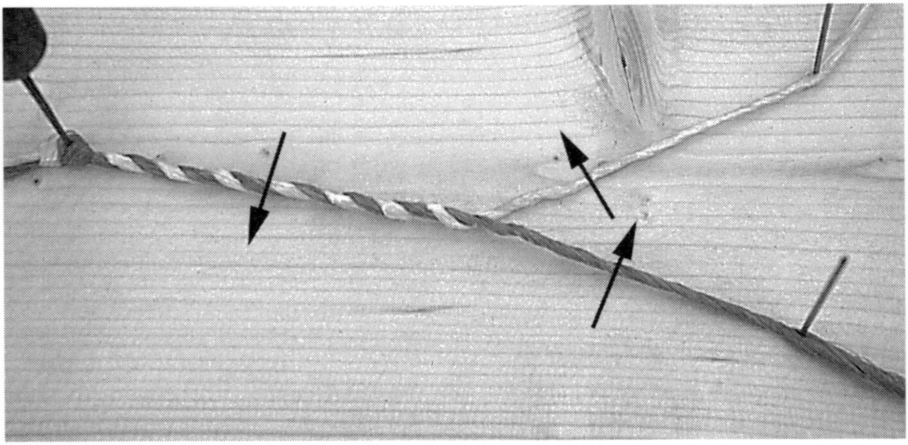

Zur Anschaulichkeit ein heller und ein dunkler Streifen: beide jeweils im Uhrzeigersinn drehen (wie die Pfeile zeigen) und beide gegen den Uhrzeigersinn miteinander verdrehen.

Als Ausgangsmaterial eigenen sich unterschiedliche Materialien. Zum einen natürliche Stoffe wie Brennesselstengel (Nessel-Stoff!), Binsen oder Bast von Bäumen. Bei den Bäumen sollten Sie nach Linden, Weiden oder Eichen Ausschau halten, die über eine geeignete Bast-Schicht verfügen. Besonders bei Eichen löst sich diese Schicht nach einer gewissen Zeit am toten Holz. Von lagernden Stämmen oder von Weidezaunpfählen läßt sich die Rinde gut ablösen. Der Bast wird mit einem Holz weich geklopft, damit sich die einzelnen Fasern voneinander lösen.

Der Bast an Eichenstämmen löst sich nach einiger Zeit in Wind und Wetter und läßt sich dann für eine Schnur verwenden.

Als Alternativen eignen sich in Streifen gerissene Kleidungsstücke oder das Band von Strohballen, das durch Verdrehen verstärkt und ohne störende Knoten verlängert werden kann.

Wenn der Anfang gemacht ist, lassen sich beim weiteren Verdrehen Stücke anfügen, um so eine lange Schnur zu bekommen. Falls die Schnur nicht dick genug ist, müssen Sie die dünnen Schnüre in der Mitte zusammenlegen und, wie vorher gezeigt, zu einer dickeren Schnur verdrehen.

Die Arbeitsfolge, um aus Binsen (oben) eine erstaunlich dauerhafte Schnur (unten) zu fertigen.

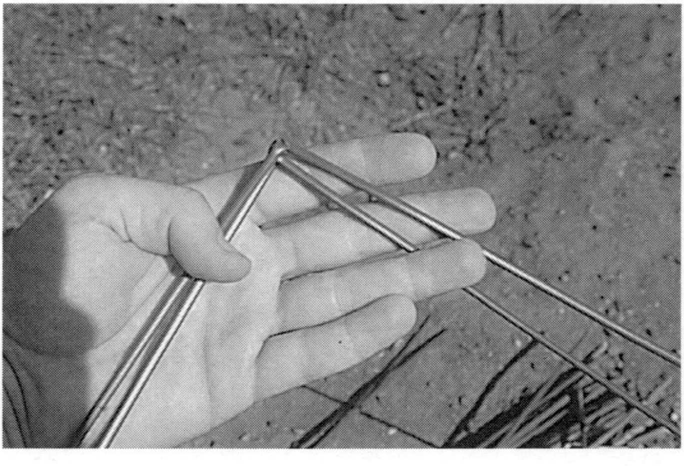

Zwei Stengel werden in der Mitte geknickt und miteinander verhakt.

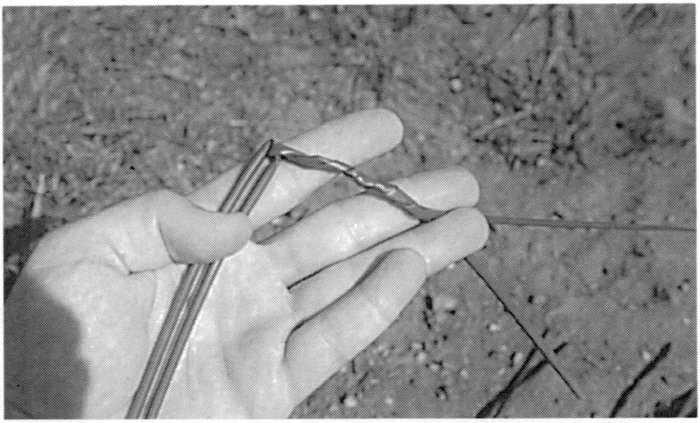

Der eine Stengel (die beiden Enden) wird im Uhrzeigersinn verdreht.

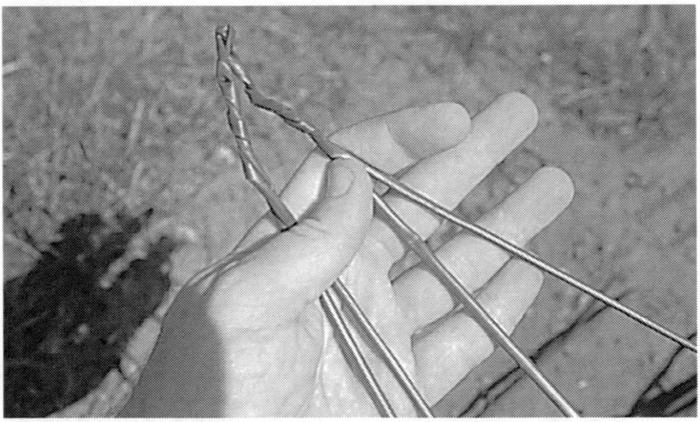

Der andere Stengel wird ebenfalls im Uhrzeigersinn verdreht (von einem weg).

Die beiden gedrehten Stränge werden entgegen dem Uhrzeigersinn miteinander verschlungen (auf einen zu).

Mit Zweigen binden

Schon seit langer Zeit nutzen die Menschen dünne Zweige von Birke und Weide als Befestigungsmaterial. Es hält zwar nicht besonders gut, dafür ist es schnell herzustellen – gerade für Reisigbündel eine annehmbare Lösung.

Die frischen Zweige werden erst vorbereitet. Dazu tritt man mit einem Fuß auf das dünne Ende des Zweiges und hält ihn damit fest. Dann faßt man den Zweig nahe dem Fuß und dreht ihn zusammen. Mit jeder Drehung faßt man etwas weiter zum dicken Ende hin, bis der gesamte Zweig verdreht ist. In diesem Zustand kann man damit etwas zusammenbinden.

Drehen eines Birkenzweiges, um ihn als Bindematerial tauglich zu machen.

Beachten Sie, daß man mit Zweigen keine „normalen" Knoten machen kann, weil sie das Zurückbiegen um 180 ° nicht vertragen und brechen. Daher sollten Sie mit Zweigen nur einfache Knoten – vorteilhafterweise mit einem Schlag mehr – herstellen.

Ein einfacher Knoten, der auch mit Zweigen hält.

Dreibein

Oftmals benötigt man einen Bock oder etwas ähnliches, um darauf kleine Stämme abzulegen, etwas aufzuhängen etc. Ganz einfach ist ein Dreibein selbst herzustellen, wenn man drei gleichlange Stangen am oberen Ende locker mit Schnur umwickelt. Das Dreibein wird aufgestellt, und es hält von selbst! Zwei Dreibeine werden mit etwas Abstand zueinander aufgestellt, eine Stange in beide gelegt, und schon hat man einen Bock.

Das Dreibein mit locker verbundenen Haselstecken.

Besen binden

Wenn man in seiner Blockhütte längere Zeit zugebracht hat, wird es langsam schmutzig. Mit jedem Schritt in die Hütte trägt man Dreck hinein, der ausgefegt werden muß. Aber wer denkt daran, einen Besen mit in den Wald zu nehmen?

Kein Problem, auch dafür sorgt Mutter Natur! Sammeln Sie einen Arm voll Birkenreisig und legen es mit dem dicken Ende zusammen; nicht mehr, als Sie gerade noch mit beiden Händen umfassen können. Dann nehmen Sie Schnur oder Draht – Geübte können es auch mit einem weiteren Birkenast – und umwickeln das Bündel damit fest.

Einen Stiel sollten Sie auch noch fertigen. Dieser muß an dem einen Ende lang und schmal angespitzt werden, damit er sich leichter in das Reisigbündel einschlagen läßt.

Besen binden im Dreibein.

Beim Anfertigen können Sie mit zwei Stöcken und einem Stück Draht den Besen ganz fest zusammenpressen. Früher wurden nach diesem Prinzip Faschinen gebunden.

Schraubstock für draußen

Für Arbeiten, bei denen Sie zu Hause einen Schraubstock benutzen, bauen Sie sich einen solchen draußen selber. Dazu schlagen Sie einen gut armdicken frischen Ast in die Erde, so daß er fest steht. Dann spalten Sie das obere Ende genau in der Mitte etwa zwei Handbreit. Am Ende dieses Spaltes umwickeln Sie ihn fest mit Draht oder Schnur, damit er nicht weiter reißen kann. In den Spalt klemmen Sie die Werkstücke.

Ein einfacher und wirkungsvoller Schraubstock für den Einsatz draußen.

Mit einer Schnur und einem Knebelstock können Sie das Stück festlegen, um es zu bearbeiten. Sie können auch – wenn es keinen Schaden anrichtet – einen kleinen Baum in der richtigen Höhe absägen.

Leder lochen

Immer wieder wird es notwendig sein, einen Lederriemen mit einem zusätzlichen Loch zu versehen. Ein Gürtel wird nur am Schnallenende gekürzt. Er hat üblicherweise fünf Löcher, von denen das mittlere dasjenige ist, welches die Länge bestimmt. Soll er gekürzt werden, versetzt man die Schnalle so weit, bis wiederum das mittlere Loch passend ist. So kann man dicker werden oder abnehmen, der Gürtel wird immer passen.

Um ein zusätzliches Loch in das Leder zu stanzen, muß ein rundes Plättchen ausgestochen werden, damit der Dorn der Schnalle genug Platz hat. Man markiert sich die Lage des Loches und stanzt mit Hilfe einer Lochzange das Loch in der passenden Größe aus.

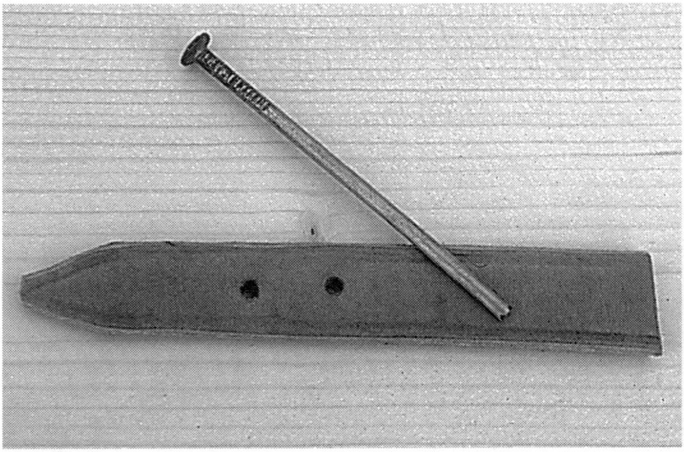

Sauber gelocht mit einem abgeschliffenen Nagel.

Sollten Sie keine Lochzange zur Hand haben – beispielsweise auf der Reise – dann hilft ein einfacher Nagel in der Stärke des gewünschten Loches. Der Nagel sollte aber nicht einfach durch das Leder getrieben werden, denn dann ist zwar ein Loch im Leder, aber kein Stück ausgestanzt, und der Dorn der Schnalle läßt sich nur schwer durchstecken. Um ein akkurat rundes Loch auszustanzen, muß der Nagel an der Spitze rechtwinklig abgeschliffen werden. Dann legt man das Leder auf eine Weichholz-Unterlage und schlägt mit dem Nagel durch das Leder und in die Unterlage. Das Loch ist sauber ausgestanzt!

Lederschnüre

Aus alten Lederresten, besonders den langen seitlichen Abschnitten, lassen sich hervorragend Lederschnüre herstellen. Am einfachsten schafft man das zu zweit. Der eine hält den Lederstreifen, der andere schneidet mit einem scharfen Messer das Leder in dünne Streifen.

Die in „Survival-Büchern" dargestellte Methode mittels eines in einen Baumstumpf geschlagenen Messers und eines Nagels als Abstandshalter, aus einem runden Stück Leder einen langen, endlosen Riemen zu schneiden, funktioniert nicht. Um aus Sattelleder Riemen zu schneiden, benötigt man eine Vorrichtung, die handlich und doch stabil ist. Außerdem muß die Klinge scharf und dünn sein, weil das dicke Leder nicht ausweichen kann und ansonsten im Schnitt festklemmt.

Lederschnüre verbinden

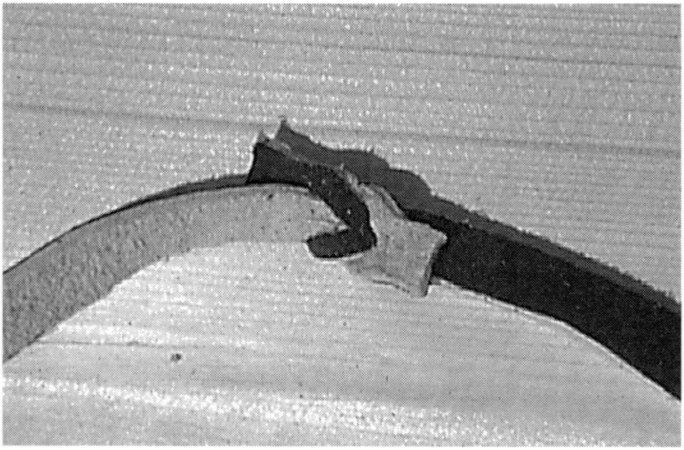

So werden zwei Schnüre ohne Knoten miteinander verbunden.

Um zwei Lederschnüre miteinander zu verbinden, ist ein Knoten nicht immer die passende Lösung. Oftmals ist es sinnvoller, die beiden Enden jeweils mit einem Schlitz zu versehen und ineinander zu verschlaufen. Diese Methode verbraucht viel weniger Material als ein Knoten. Außerdem läßt er sich einfacher durch Löcher ziehen, wenn man mit der Schnur etwas befestigt.

Lederknopf selbermachen

Aus Lederresten lassen sich schnell und einfach praktische Knöpfe fertigen. Mehr als ein scharfes und spitzes Messer ist nicht notwendig. Aus dem Lederrest wird ein Streifen herausgeschnitten und an dem einen Ende seitlich abgesetzt. Vom dicken Ende her wird der Knopf aufgewickelt, bis man an das dünne Ende kommt. Hier wird mit dem Messer der Knopf durchstochen, um dort das dünne Ende hindurchzuschieben. Noch einmal kurz festziehen, und der Knopf ist fertig!

Lederknopf aus einem Streifen Leder. Die Büroklammer dient zum Druchfädeln.

Tip!
Das dünne Ende läßt sich leichter durchfädeln, wenn Sie ein Loch in das Ende stechen und eine Büroklammer anbringen. Diese funktioniert wie eine Nadel.

Lederbeutel

Um Geld oder Kugeln – oder auch die Goldzähne der erschlagenen Feinde – aufzubewahren, können Sie aus einem Stück Leder einen Beutel fertigen.

Fragen Sie bei einem Kürschner nach Resten von sämisch gegerbtem Hirschleder, es widersteht feuchter Schwüle in der Hosentasche am längsten und wird – einmal naß geworden, nach dem Trocknen wieder weich.

Schneiden Sie das Leder zu wie in der Abbildung zu sehen. Der Vorteil an diesem Schnitt ist, daß Sie außer einer Lochzange keine weiteren Werkzeuge benötigen. Auch braucht an dem Lederbeutel nicht genäht zu werden. Sie legen das Schnittmuster auf und zeichnen es ab. Dann wird der Beutel ausgeschnitten und von jeder Seite ein Lederriemen durch die Löcher gezogen. Die Riemen verknoten und zusammenziehen – schon ist der Beutel fertig!

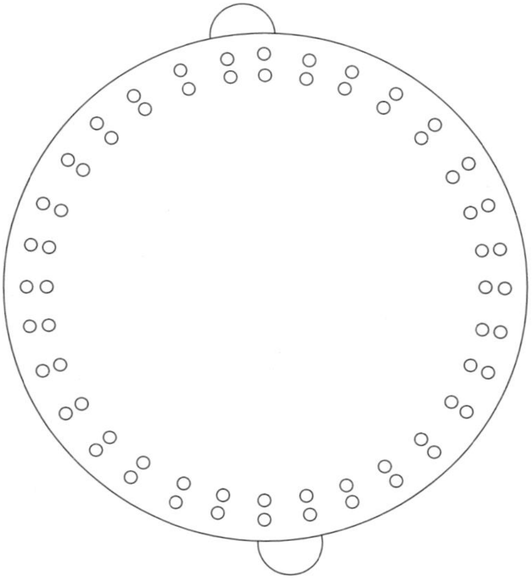

Schnittmuster für den Lederbeutel. Kopieren Sie die Vorlage auf die benötigte Größe.

Und so sieht der Beutel zusammengezogen aus.

Packrahmen bauen

Um seine Ausrüstung, Feuerholz oder Wildbret zu transportieren, bietet sich ein Packrahmen an. Durch den Rahmen muß die Last nicht in den Rucksack passen, sondern wird darauf festgeschnürt. Am leichtesten läßt sich solch ein Rahmen aus Haselruten fertigen. Eine lange Stange wird in der Mitte leicht dünner geschnitzt, damit sie sich an der oberen Verbindungsstelle leichter biegen läßt. Es ist falsch, die beiden Enden zu fassen und das Holz zu biegen, es würde an der schwächsten Stelle brechen. Besser ist es, in dem zu biegenden Bereich das Holz mit beiden Händen sehr dicht zu fassen und über einen festen Ast zu biegen. Immer nur etwas und dann die nächsten Stelle nehmen, bis am Schluß die Stange eine schöne Rundung aufweist.

Packrahmen aus Haselruten.

Am unteren sowie am oberen Ende und gegebenenfalls in der Mitte wird ein Zwischensteg eingebaut. Dazu werden die Seitenstangen gelocht und die Stege angespitzt, um sie einzuzapfen. Denken Sie daran, daß der Druck der eingeschobenen Stege nach oben und nach unten wirken soll und nicht die Stange in der Längsrichtung spaltet. An der unteren Stange wird eine Schnur eingezogen, die mit einem Knebel verdrillt wird und so die beiden Seitenstangen fest mit den Stegen verbindet.

An der oberen Stange werden etwa eine Handbreit zur Mitte versetzt die beiden Trageriemen angebracht. Sie können an den unteren „Füßen“

leicht eingehängt werden, um sie abnehmbar zu machen. Dadurch ist das Aufsetzten des Packrahmens auch leichter möglich: erst den Packrahmen mit einem Riemen auf die Schulter setzen und dann den anderen über die Schulter führen und unten einhängen.

Detail der Verzapfung.

Die obere Stange wird nicht verzapft sondern nur aufgebunden. Um mehr Stabilität zu bekommen werden die beiden Stangen ineinander eingelassen, wie das an anderer Stelle schon beschrieben wurde.

Der Trageriemen wird einfach angeschlauft.

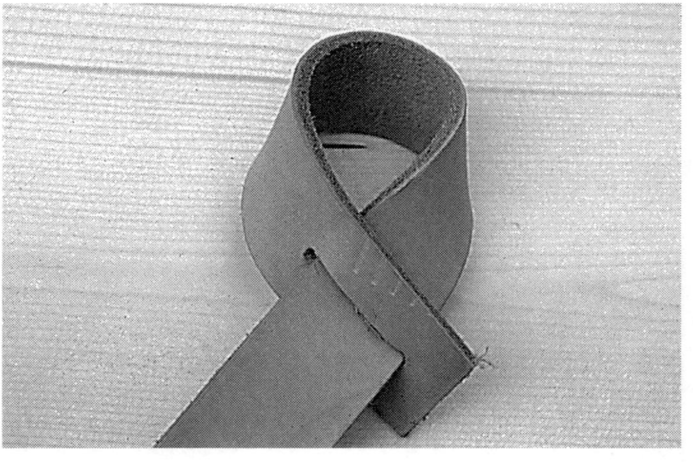

Detail der Schlaufe.

Holz lochen

Immer wieder kommt es vor, daß in ein Stück Holz ein Loch gebohrt werden muß. Typischerweise beginnen viele Menschen mit der Messerspitze und drehenden Bewegungen.

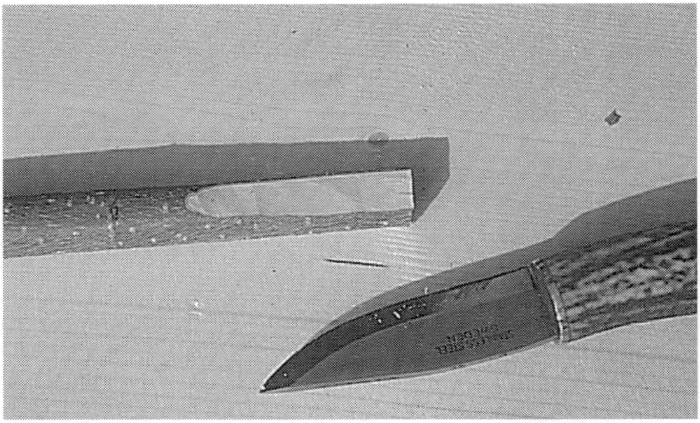

Der zu lochende Stab wird erst von beiden Seiten abgeflacht, die geschnitzten Seiten sind parallel.

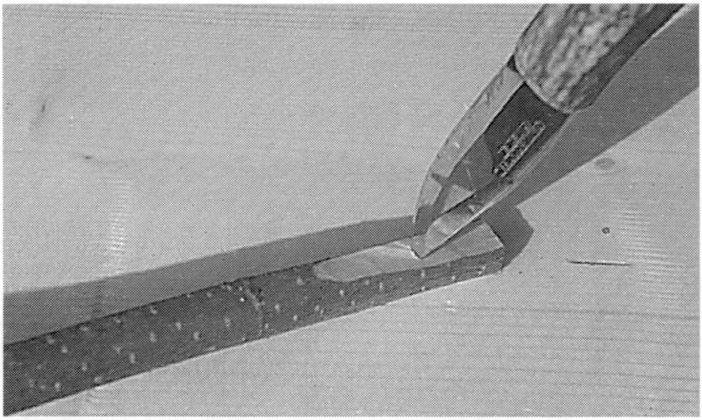

Mit der Messerklinge sticht man von oben so weit es geht in das Holz, dann wird die Messerklinge gedreht und nochmals eingestochen. Parallel dazu folgt ein zweiter Einstich, das ganze wird von der anderen Seite wiederholt. Die Stiche von beiden Seiten sollten sich treffen.

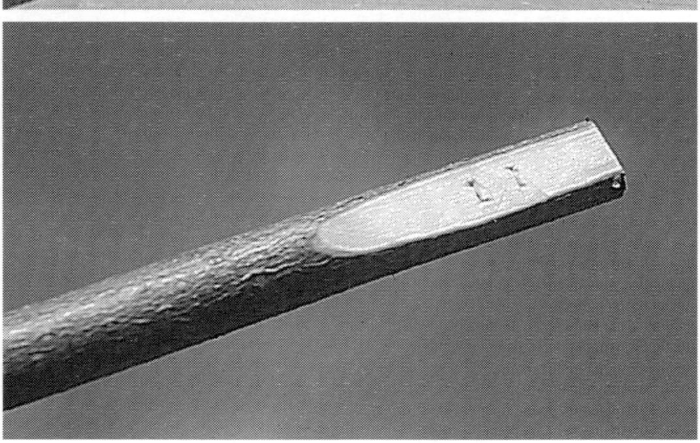

So sieht das Holz mit den Einstichen aus.

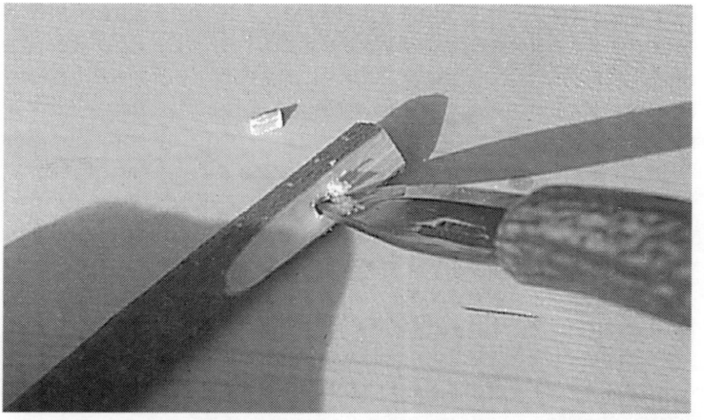

Mit der Messerspitze wird das Holz zwischen den beiden Einstichen herausgebrochen.

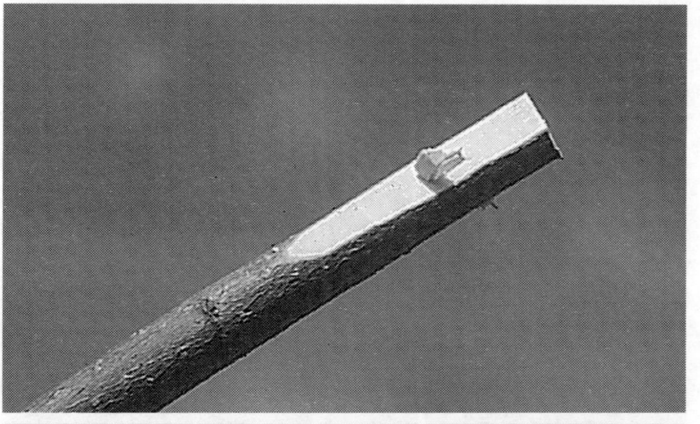

Wenn die Einstiche richtig vorbereitet wurden, dann läßt sich das Holz dazwischen fast in einem Stück herausbrechen.

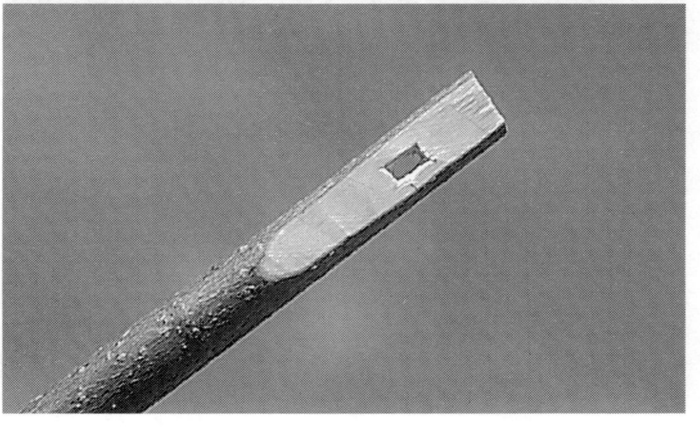

Das fertige Loch ist zwar rechteckig, dafür läßt es sich wesentlich schneller herstellen als ein rundes Loch.

Besser geht es mit der folgenden Methode, die ein quadratisches Loch erzeugt: ein Rundholz wird an der zu durchbohrenden Stelle leicht mit dem Messer abgeflacht, die korrespondierende andere Seite ebenfalls. Dann sticht man mit dem Messer quer zur Faser tief in das Holz, einmal mit der Schneide nach rechts und einmal mit der Schneide nach links. Dadurch wird mit der spitzen Klinge ein gerader, tiefer Schnitt gelegt. Es folgt ein versetzter paralleler Schnitt. Zwischen diesen beiden Schnitten wird das Holz mit der Messerspitze herausgebrochen, es splittert leicht, weil es mit der Faser abgelöst wird.

Das gleiche Verfahren wird von der anderen Seite her betrieben, so daß sich die beiden Löcher treffen. Mit etwas Nachschnitzen sollte ein rechteckiges Loch entstanden sein, in das auch ein Stab eingezapft werden kann.

Holz verbinden

Auch um zwei Hölzer – besonders Rundhölzer – miteinander zu verbinden, gibt es Tricks. Ein eher profaner ist es, die beiden Kontaktflächen abzuflachen, um mehr Stabilität zu erreichen, und mit kürzeren Nägeln auszukommen.

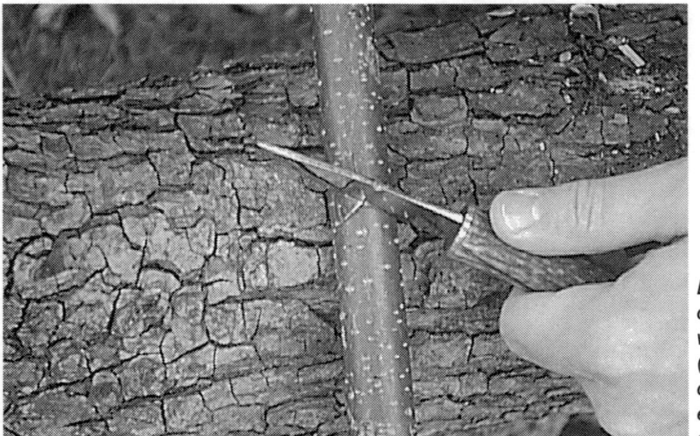

Erst werden die beiden Hölzer kreuzweise eingekerbt (zur Not kann man die Messerklinge mit einem Schlägel in das Holz treiben)...

...danach die Dreiecke mit der Messerspitze herausgebrochen...

...und die beiden Hölzer kreuzweise zusammengefügt.

Diese Verbindung muß nur noch mit einer Schnur zusammengebunden werden.

Eine praktische und elegante Lösung ist die oben gezeigte: Um zwei Rundhölzer kreuzweise zu verbinden, werden sie mit dem Messer und einem Schlagholz kreuzweise eingekerbt. Die Schnitte müssen bis fast zur Mitte der Hölzer eindringen. Dann werden mit der Messerspitze die beiden Dreiecke von der Seite der Stäbe her herausgebrochen. Da dies längs zur Faser geschieht, ist es nicht schwierig. Nun werden die beiden Hölzer über Kreuz gelegt und siehe da: die beiden Dreiecke greifen ineinander. Das gelingt besser, wenn vorher die Schnitte rechtwinklig gesetzt wurden und die beiden Hölzer annähernd gleich stark sind.

Haken aus Holz

Um an einem geraden Stab eine praktische Kerbe anzubringen, hat sich das folgende Verfahren bewährt. Dazu benötigt man ein Messer und ein Stück Holz zum Schlagen, um die Messerklinge passend in das Holz zu treiben. Einige Zentimeter vom Ende des mindestens daumendicken Stabes werden mit dem Messer und dem Schlagholz zwei Kerben über Kreuz geschlagen. Die Kerben sollten fast bis zur Mitte des Stabes eindringen. Dann wird von der oberen Seite des Stabes das überflüssige Holz weggeschnitten und die stehengebliebene Spitze etwas hinterschnitten.

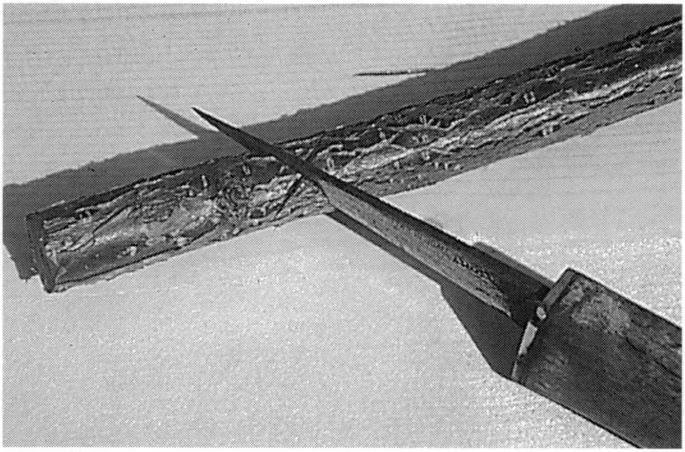

Ein Haken ist schneller an einen Stab angeschnitzt, als man eine passende Astgabel gesucht und gefunden hat: erst mit dem Messer ein Kreuz einschneiden...

...dann mit dem Messer von oben her den Haken freischnitzen.

Der Haken ist so erstaunlich stabil und für viele Anwendungen geeignet.

Stab sauber trennen

Einen Stab nur mit Hilfe eines Messers sauber abzutrennen ist nicht einfach – aber es gelingt trotzdem. Dazu muß der Stab mit dem Messer eingekerbt werden. Stäbe bis etwa Daumendicke kann man einkerben, indem man sie unter der Messerschneide hin- und herrollt. Aber schon nach wenigen Millimetern dringt die Schneide nicht mehr ein, weil das

Messer im Schnitt klemmt. Dann muß man von der „schlechten" Seite her Material entfernen und den Stab unter der Klinge weiter rollen. Ist der Stab fast getrennt, wird der Rest abgebrochen. So erreicht man eine halbwegs glatte Schnittfläche.

Der Stab wird rundum eingekerbt...

...und kann dann durchgebrochen werden.

Eine andere Möglichkeit ist, den Stab unter der Messerklinge zu rollen und dabei eine Kerbe zu schneiden. Da das Holz nicht von der Klinge weicht, klemmt sie bald im Schnitt fest. Dann wird von der schlechten Seite her Material abgeschnitzt, damit der Stab erneut unter der Schneide gerollt werden kann.

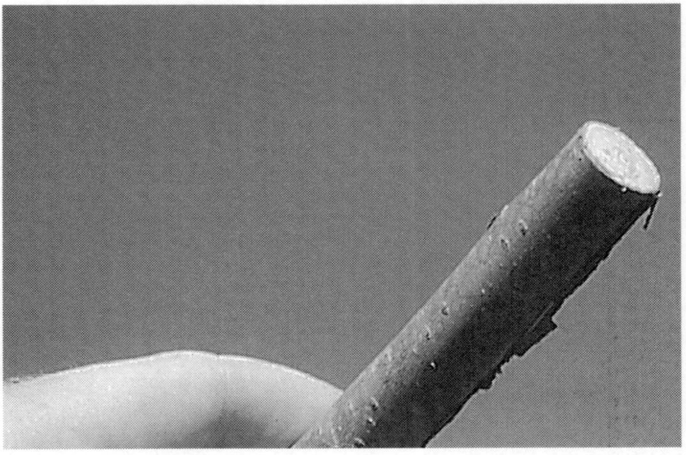

So erhält man eine fast glatte Schnittfläche.

Kerbe am Ende eines Stabes

Am Ende eines Stabes ist eine Kerbe oftmals sinnvoll, sei es, um eine Spitze einzuschäften, eine Nocke in einen Pfeil zu schnitzen oder um etwas in den Stab einzubinden. Mit dem Messer direkt am Ende des Stabes herumzuschnitzen, bringt keine zufriedenstellenden Ergebnisse, es gehört Know-How dazu, um eine ausreichend tiefe Kerbe herauszubrechen. Als erster Schritt wird die Kerbe an beiden Seiten – dem Ende und dem tiefsten Punkt – markiert. Als Abfall entsteht immer mindestens ein handbreites Stück, weil dieses als Hebel zum Herausbrechen benötigt wird.

Zuerst wird die Kerbe auf dem Stab angezeichnet. Jetzt wird schon deutlich, wie sie später verlaufen soll.

Am Boden der Kerbe wird mit der Messerspitze hineingestochen, damit dieser Bereich sauber ausbricht.

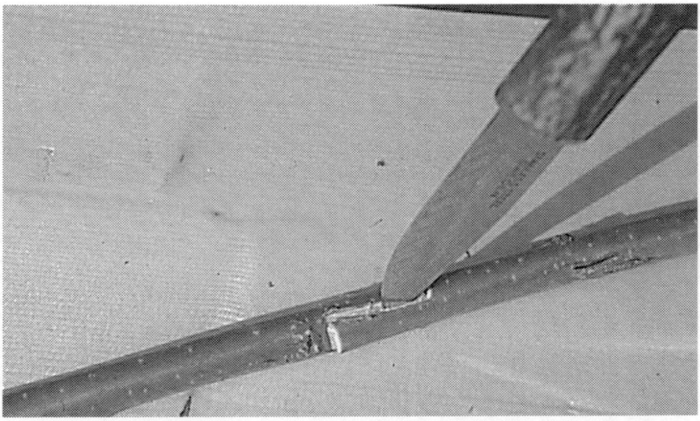

Parallel zu den Seiten wird der Verlauf der Kerbe mit der Messerspitze angezeichnet. Dabei schon so tief ritzen, wie dieses gefahrlos möglich ist, und die beiden Seitenteile lösen. Die Hölzer hängen nur noch am Boden der Kerbe zusammen.

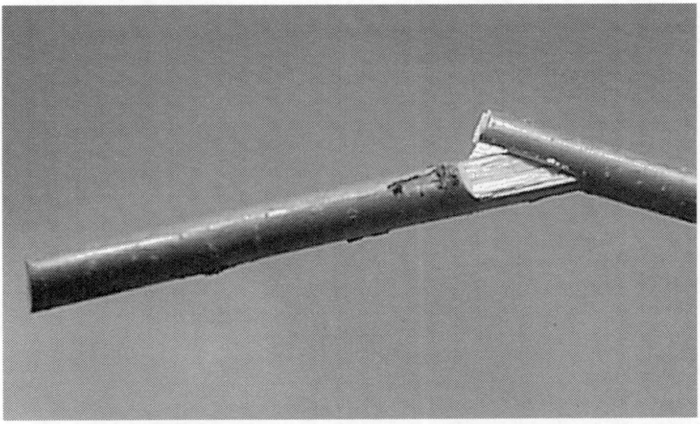

Nach ausreichenden Vorbereitungen wird das Endstück nach unten herausgebrochen…

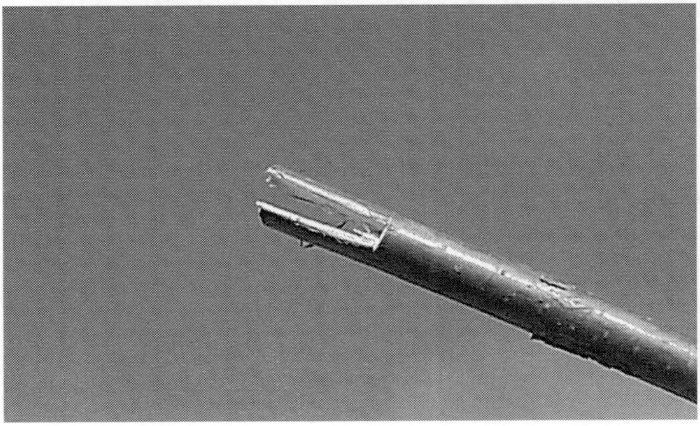

…zurück bleibt die perfekte Kerbe, tiefer, als man sie durch Schnitzen herstellen kann.

Wanderstab

Auch für junge Leute ist ein Handstock eine angenehme Hilfe, um schwieriges Gelände zu überqueren – besonders, wenn man mit Rucksack und Waffe schwer bepackt ist. Man kommt nicht so leicht aus dem Gleichgewicht, weil man mit dem Stock als drittem Bein sich gut ausbalancieren kann.

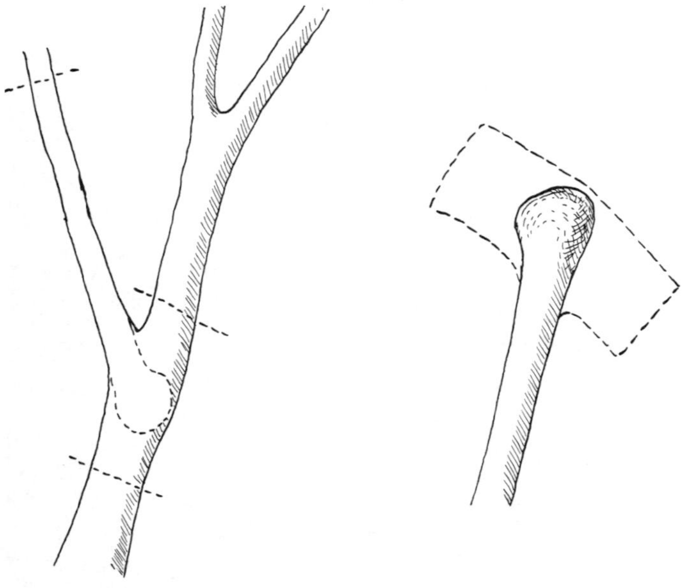

Wanderstab aus einem Stück geschnitten.

Geschnitten wird der Handstock aus Haselnuß oder Schwarzdorn (Schlehe), wobei ein Seitenast den Stock abgibt und der dicke Hauptast als Griff zurechtgeschnitzt wird.

Register